Clase de Dibujo

Paisajes

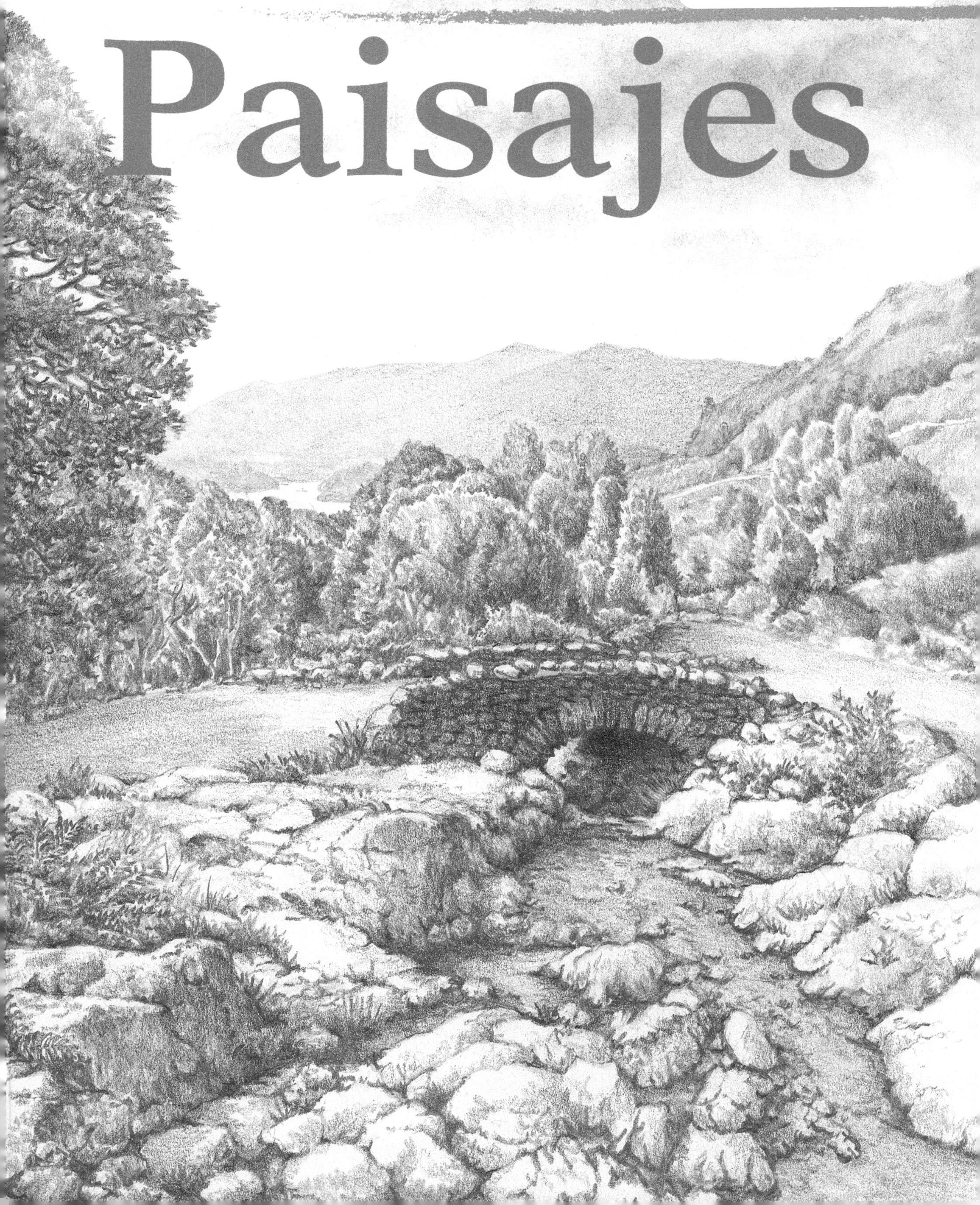

Dedicatoria

Dedicado a mi madre, a la que siempre le encantó caminar por el campo.

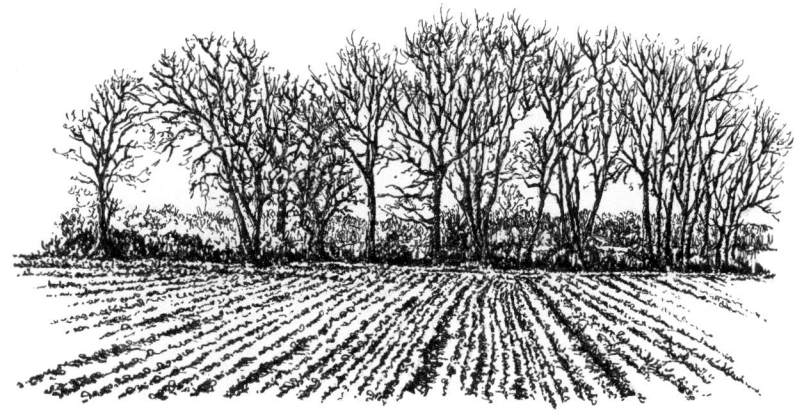

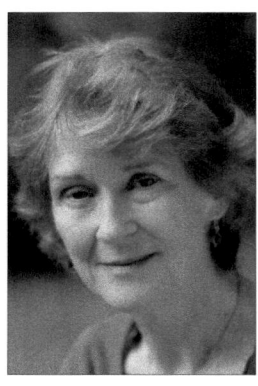

Margaret Eggleton lleva prácticamente toda su vida dibujando y pintando y ahora disfruta trabajando sobre varios medios. Durante años impartió clases en un colegio y en la actualidad ejerce como profesora de adultos. Lleva más de veinte años exhibiendo sus obras en Surrey y Londres, una actividad artística en la que resalta la importancia del dibujo. Asimismo es miembro de la Sociedad de Mujeres Artistas, la Sociedad de Artistas Botánicos y la Sociedad de Bellas Artes Gráficas de la que fue miembro consejero durante diez años. Por último, solo resta remarcar que ejerce como crítica artística para grupos de arte locales.

Clase de Dibujo
Paisajes

Margaret Eggleton

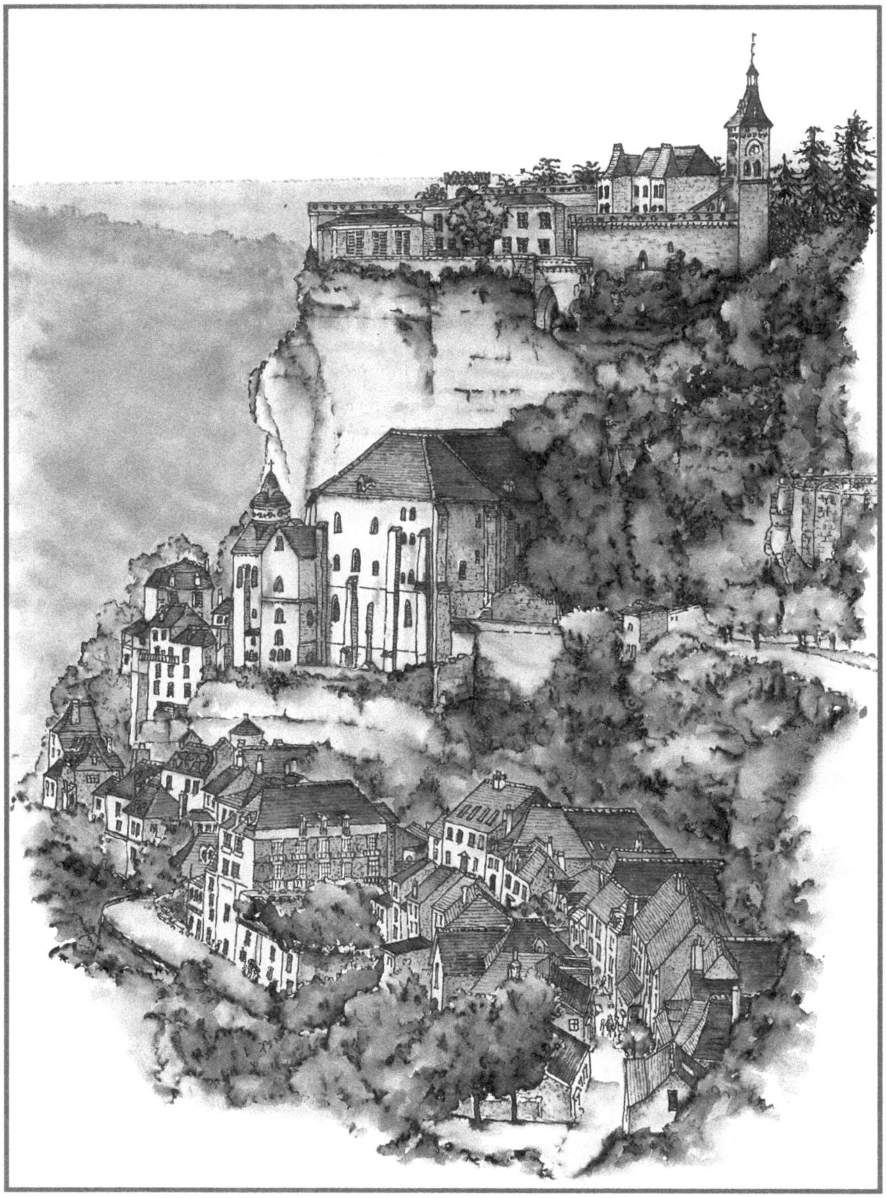

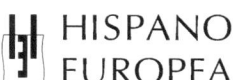

HISPANO
EUROPEA

Título de la edición original:
Landscapes

Publicado por primera vez en lengua inglesa por:
Search Press Limited
Wellwood, North Farm Road,
Tunbridge Wells, Kent TN2 3DR

© del texto e ilustraciones: Margaret Eggleton

© Fotografías: Search Press Limited

© de la edición en castellano:
Editorial Hispano Europea, S. A.

E-mail: hispanoeuropea@hispanoeuropea.com

© de la traducción: Esther Gil

Depósito Legal: B. 2568-2015

ISBN: 978-84-255-2115-7

Consulte nuestra web:

www.hispanoeuropea.com

Impreso en España

Agradecimientos

Mi más sincero agradecimiento a mi editora,
Sophie, así como a Roz y a toda la editorial Search
Press por su ayuda a la hora de publicar este
libro. También me gustaría dar las gracias a mi
marido, Stuart, por su paciencia, su entusiasmo
y su ánimo, manifestados de tantas maneras, y a
mis nietos, Sam, Ethan, Millie e Isaac por posar
como modelos, a veces a desgana. También
estoy muy agradecida a mis amigos del grupo de
senderismo mensual, por enseñarme caminos y
paisajes que desconocía.

(Página 1)
Puente del Lake District
Lápices de grafito sobre papel para acuarelas.

Este dibujo aparece mostrado paso a paso en las páginas 82-85.

(Página 2)
Campo arado
Pluma y tinta acrílica sobre papel para acuarela de 300 g (140 lb). El dibujo se presenta detallado en la página 33.

(Página 3)
Rocamadour, Francia
Rotulador permanente y rotulador con tinta soluble en agua sobre papel para acuarelas. Dibujo descrito paso a paso en las páginas 86-89.

(Página del índice)
Colliure, Francia
Se trata de una sección 41 x 20 cm (16 x 8″) de un cuadro de unas dimensiones mucho mayores, hecho sobre un bloc de panorámicas de 300 g/m² (140 lb). El papel no era especial para acuarelas. Lo dibujé mientras me refugiaba del viento del Mediterráneo en una playa y utilicé un rotulador técnico en vez de la tinta acrílica que era lo que quería usar en un principio, ya que la tinta líquida se hubiese corrido con aquel viento.

Índice

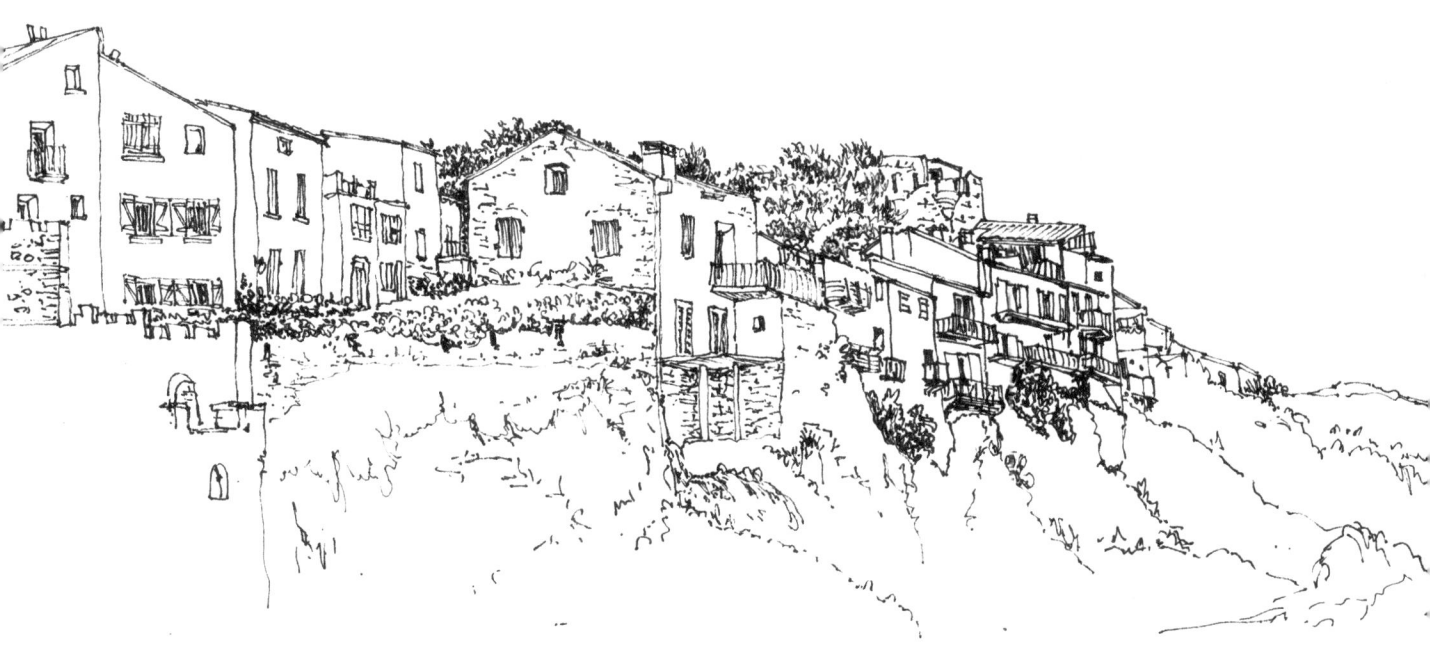

Introducción

El arte nos rodea. Transmitir en un papel nuestras emociones respecto a algo que hemos visto es una necesidad básica del ser humano. El campo ha sido siempre una fuente de placer para mí y dibujarlo ha sido mi pasión desde que tengo uso de razón; por consiguiente, este libro es una combinación de ambas ideas.

Mi madre me llevó al campo muy de niña; ella sabía identificar los árboles por las formas de las hojas y me indicaba los nombres de las flores silvestres que crecían en los arbustos y los campos de Cheshire, el lugar donde crecí, cerca de unas granjas. Hacíamos excursiones en coche y nos acercábamos hasta los impresionantes paisajes de Derbyshire, la bella región del Lake District y la costa del norte de Gales.

El deseo de dibujar siempre ha estado presente en mi vida, y por supuesto, el dibujo era mi asignatura preferida del colegio y me encantaba que los profesores de arte y mi familia alabasen lo bien que pintaba. Cuando me formé para ser profesora, estudié Arte como asignatura principal y a menudo nos enviaban a los terrenos propiedad de la Universidad para dibujar y pintar al aire libre. Esos ejercicios reforzaron aún más mi amor por el paisaje.

Por otra parte, las vacaciones presentaban buenas oportunidades para dibujar y por ello siempre llevaba el bloc de dibujo en el bolso. La vida siempre sorprende con imágenes que están gritando querer ser recordadas y que constituyen momentos de inspiración. Y es que llevar un bloc de dibujo es fundamental para mejorar las capacidades de observación y de representación gráfica. Nunca más te aburrirás o sentirás que estás perdiendo el tiempo esperando que te sirvan una comida, tomar un vuelo o empezar una reunión. A la hora de dibujar, siempre hay algo o alguien interesante. En mi caso, no veo los objetos con precisión hasta que empiezo a dibujarlos. Para los artistas y aspirantes, hacer esbozos sirve para entrenar el ojo a observar formas, tonos y texturas de todo cuanto nos rodea. Es un placer y una gran satisfacción realizar trazos significativos que después puedan utilizarse como referencia o sencillamente para divertirse un rato.

Si tienes perro hallarás una muy buena razón para explorar el paisaje. Nuestra golden retriever, Gemma, me enseñó muchos lugares al aire libre que sin ella nunca hubiese conocido y, siempre que me sentaba a hacer un esbozo o a pintar, Gemma se quedaba a mi lado, protegiéndome.

Si te fijas, observarás los cambios de luces, colores y estaciones en los parques o los campos que haya cerca de tu casa. Tener un perro inspeccionando mientras caminas es muy divertido porque además te permite a la vez hacer fotografías o grabar mentalmente el paisaje.

Cuando dibujas un paisaje al aire libre a partir de una fotografía casi puedes sentir que estás allí, sobre todo si es un lugar que ya has visitado antes. Es una buena idea ir a visitar el lugar que has estado dibujando, si es posible. Un buen dibujo muestra las emociones y también los rasgos del lugar, algo que debería percibir la persona que observa el trabajo. Tu actitud ante el objeto de dibujo es vital así que, si realmente te gusta lo que estás haciendo, siempre quedará demostrado.

Intenta experimentar con los distintos materiales de dibujo descritos en este libro y quizás veas que te encanta utilizar otros medios distintos a los que normalmente empleas. A veces la mejor obra de arte es el resultado de la casualidad o de un afortunado accidente, así que sigue practicando y dibujando tanto como puedas; al final crearás el buen hábito de dibujar a diario y te sorprenderá advertir la diferencia cuando mires tus primeros dibujos.

Espero que este libro te sea muy útil y entretenido durante muchos años.

Tal y como escribió Shakespeare: «El arte nos permite tomar lo mundano y hacerlo remarcable».

El estanque del pueblo

Barras de grafito sobre papel para acuarelas de 300 g/m² (140 lb).
Detalle de un dibujo que aparece en la demostración paso a paso de las páginas 28-31.

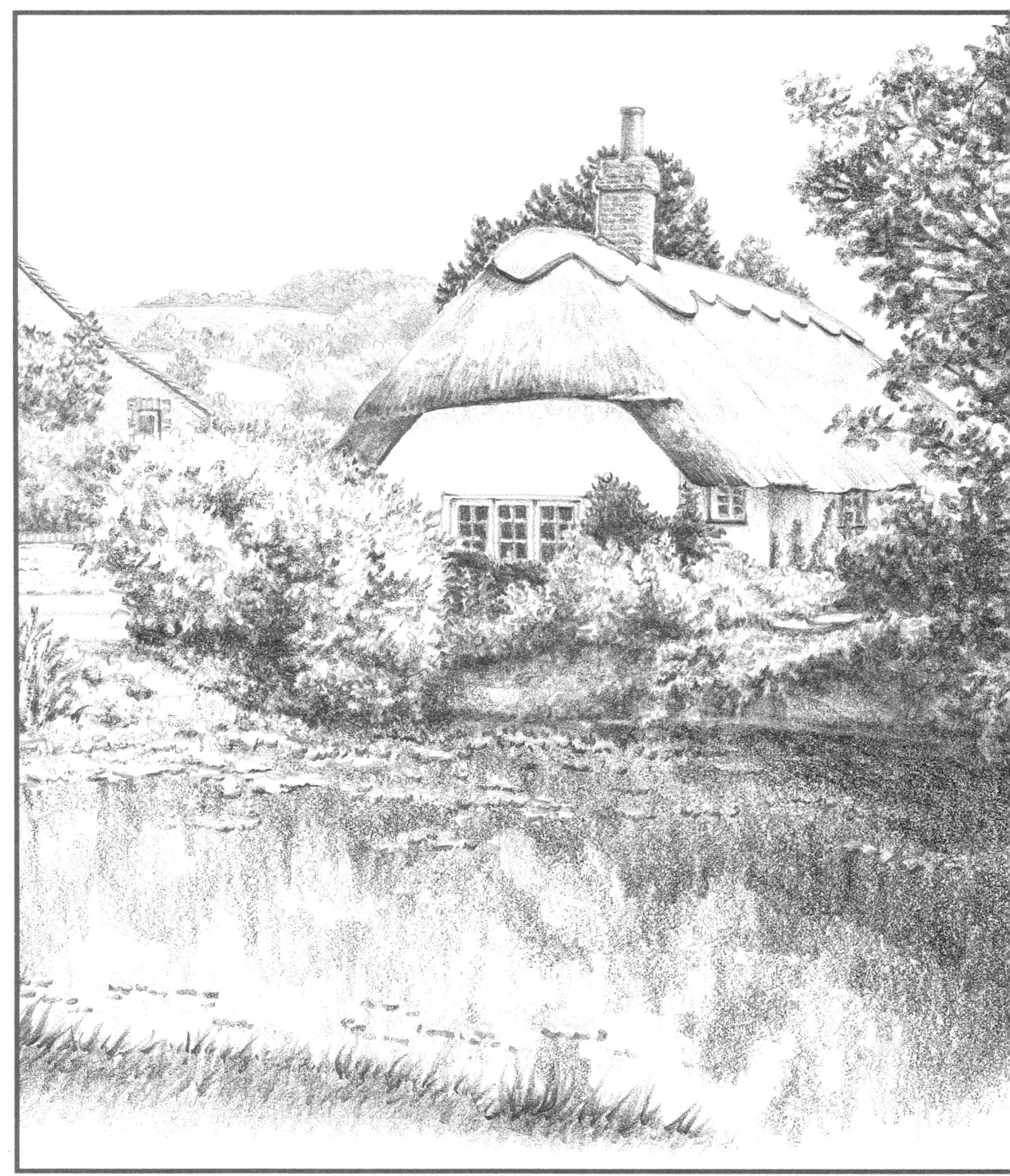

La historia del dibujo paisajístico

Cada continente y país tiene su propio estilo paisajístico distintivo que empezó a desarrollarse hace miles de años y que se ha ido modificando a lo largo del tiempo.

En China el dibujo paisajístico se consideraba la máxima expresión artística, de modo que los métodos y las técnicas tradicionales se enseñaban de maestro a discípulo. Muchos paisajes chinos se realizaban en un formato de retrato alargado y consistían en tres secciones interconectadas con espacios entre medio que representaban la niebla o las nubes. Por norma general, se trataba de paisajes imaginarios y se acababa aplicando una firma en forma de sello. El dibujo del paisaje japonés era similar pero con más detalles y en ocasiones se realizaba en formato apaisado, para describir acontecimientos históricos.

El dibujo paisajístico occidental también empezó hace más de mil años, como puede verse en algunos frescos arquitectónicos de la antigua Grecia o de Roma que han sobrevivido hasta nuestros días, y en los que lagos, cascadas y ríos ocupaban una parte dominante.

Más adelante aparecería la figura de Alberto Durero, quien nació en Núremberg en 1471. Era dibujante y confidente, un artista prolífico que viajó por toda Europea cuando era joven, estudiando en especial el paisaje. Realizó una serie de estudios de castillos y ciudades del Tirol. Mucha gente le considera el fundador del dibujo paisajístico moderno. Trabajaba con pluma o tiza así como con grabados en madera y en tinta.

Solía dibujar un monograma con sus iniciales en un rincón del dibujo, así que, a modo de imitación, yo también dibujé un monograma con mis iniciales en la esquina izquierda de este dibujo.

Mi imitación del monograma de Durero y mi propio monograma.

Castillo de Colliure al estilo de Alberto Durero

Tinta soluble en agua, 20,3 x 19 cm (8 x 7 ½").

Observa el estilo de un dibujo chino con pincel

Medidas: 7,5 x 20,3 cm (3 x 8"). Tinta negra aplicada con pincel chino sostenido en ángulo recto en relación con el papel y diluido en determinados puntos.

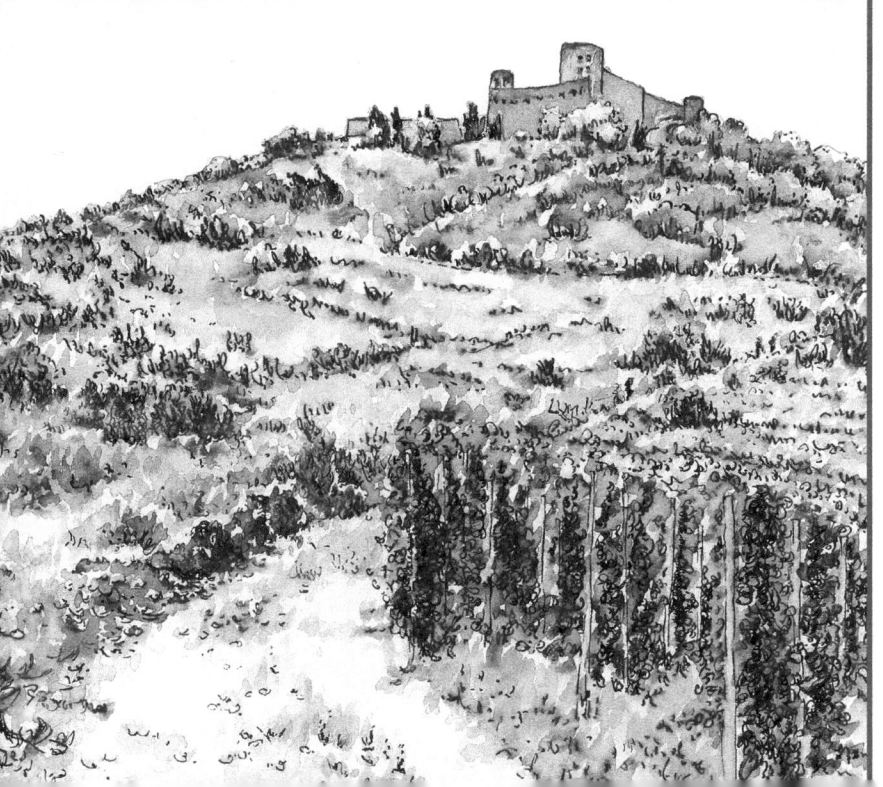

Joseph Mallord William Turner trabajó incansablemente durante más de sesenta años en los siglos XVIII y XIX de modo que produjo miles de dibujos y esbozos. Desde la más temprana adolescencia desarrolló el hábito de hacer bocetos al aire libre mientras viajaba y sus dibujos paisajísticos fueron las primeras obras que se ganaron reconocimiento. La mayoría de sus dibujos también muestran una fuerte calidad lineal. Ahora bien, no hay que olvidar que hubo muchos otros artistas británicos en su época que trabajaron el paisaje, incluido su amigo Thomas Girtin, quien mostró un gran talento antes de su temprano fallecimiento.

Vincent van Gogh fue un artista holandés que trabajó principalmente en Francia. Elaboró más de mil increíbles obras y esbozos en cartas que enviaba a su hermano, que vivía en París. Manifestó que dibujar lo hacía feliz y le permitía tanto captar la luz como crear su base como artista, además de estudiar la forma y el movimiento. Dibujaba con lápiz, tiza negra, pluma con junco y carboncillo, y a menudo mezclaba todos los elementos. Dibujaba en trozos de papel o incluso en la parte de atrás de un sobre.

Otros muchos artistas de otros países desarrollaron su propio estilo de dibujo paisajístico por lo que se intentará nombrar a varios de ellos a lo largo del libro.

Polesden Lacey al estilo de JMW Turner

Medidas: 35,5 x 48,3 cm (14 x 19″), con lápiz y carboncillo.

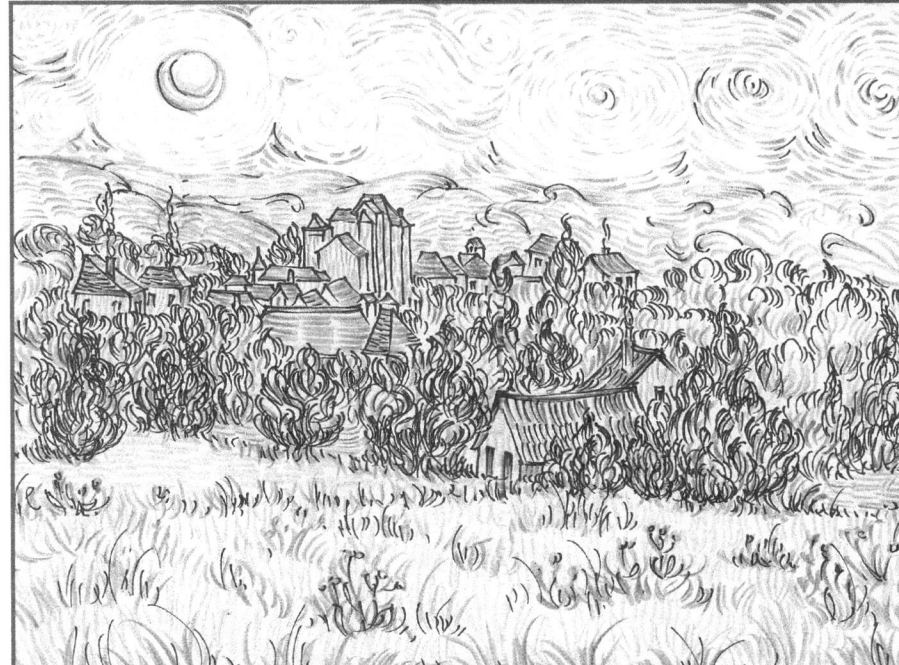

Curemonte en Corrèze al estilo de Vincent van Gogh

Soporte de tamaño A4 con tinta permanente y lápiz de grafito.

Material

Diferentes objetos de dibujo y ocasiones requieren distintos materiales de dibujo. Te resultará útil probar muchos de los medios que mencionaremos en esta obra para determinar cuál prefieres y cuál utilizarás a partir de ahora. Se trata de los medios más fáciles de conseguir, con el añadido de que los rotuladores, los pasteles, los lápices Conté y el carboncillo se pueden utilizar tanto al aire libre como en interiores y funcionan muy bien.

LÁPICES DE GRAFITO

Están realizados con una mezcla de grafito horneado y arcilla a la que posteriormente se le añade un recubrimiento de madera para que sea fácil de manejar. Existe una amplia gama desde 8H (muy duro) hasta 9B (muy blando). Los lápices duros tienen una mayor proporción de arcilla en relación con el grafito mientras que los blandos contienen más grafito. Casi nunca empleo lápices duros, pero me gustan los F (finos) o HB (medios) para trazar las líneas iniciales de un dibujo porque sus marcas quedan casi imperceptibles a medida que progresa el dibujo. Los lápices de grafito permiten realizar dibujos detallados y delicados, así como bocetos rápidos con líneas seguras y sombreados con trazos más anchos.

Todos los lápices deben tratarse con gran respeto, así que asegúrate de no dejarlos caer, ya que la mina de su interior se podría romper. ¡Trátalos como si fuesen huevos frescos!

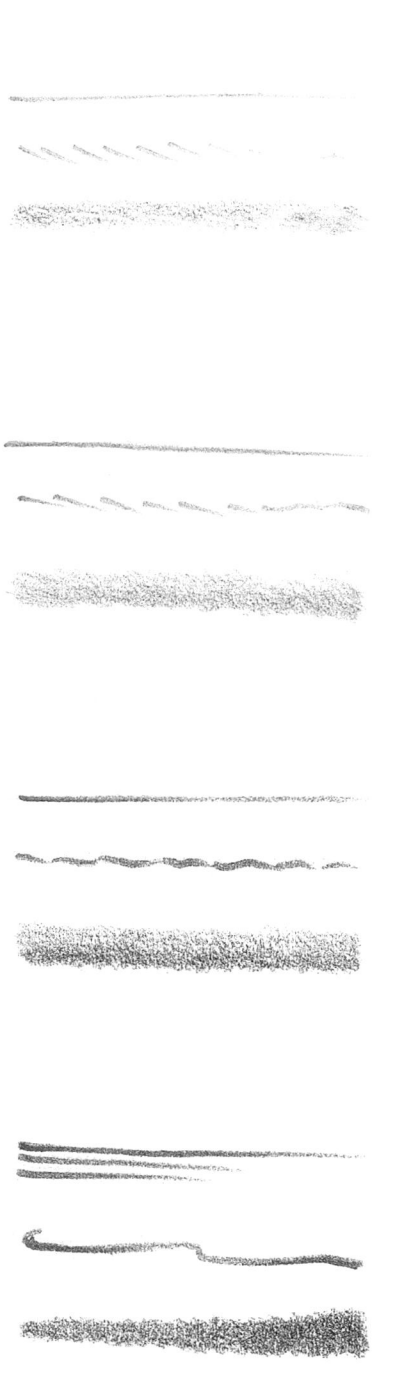

Utilicé un lápiz de grafito HB para trazar una línea poco marcada para la composición inicial de un paisaje y después para el sombreado sutil del cielo y de las colinas distantes.

El lápiz 2B puede utilizarse para los más cercanos de los árboles alejados, para los setos y otros rasgos del paisaje, que son distintivos pero siguen apareciendo un tanto difuminados desde una perspectiva aérea.

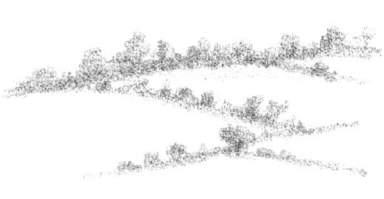

Con el lapicero 4B se consigue una gran variedad de tonos, dependiendo de la presión que se le ejerza. Es fantástico para dibujar árboles, setos, campos y edificios a una distancia intermedia.

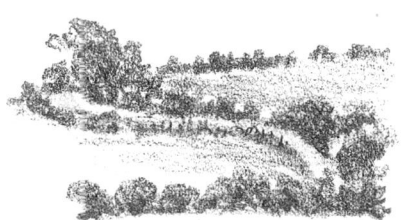

Me gusta utilizar un lápiz 6B para representar el follaje y los objetos en primer plano además de como un sombreado más intenso.

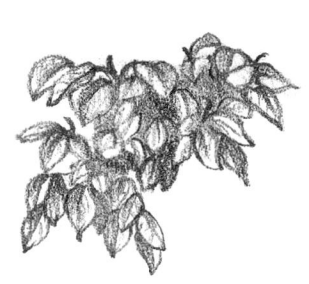

El lápiz 8B puede realizar líneas muy negras, aportando fuerza tonal a los árboles y objetos en primer plano.

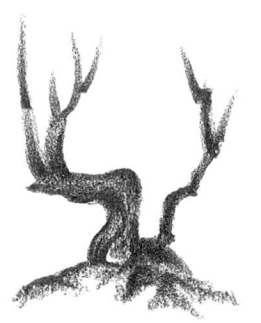

PLUMA Y TINTA ACRÍLICA

Con la tinta acrílica y la pluma pueden crearse líneas de diferente grosor. Cada vez que mojes la pluma en la tinta, esta guardará una gran cantidad de líquido que utilizará en los trazados, creando una línea más gruesa. Así, el dibujo logra mayor vida. Aparte del trazo inicial en lápiz que marca las principales características paisajísticas, me gusta dibujar detalles espontáneos con este medio. Si presiono más la pluma se crean líneas más gruesas y también puedo hacer que la línea se entrecorte o hacer una línea punteada en la distancia. Sin embargo, como la tinta tarda mucho en secarse, es fácil que se corra o se produzcan manchas, así que hay que tratarla con delicadeza.

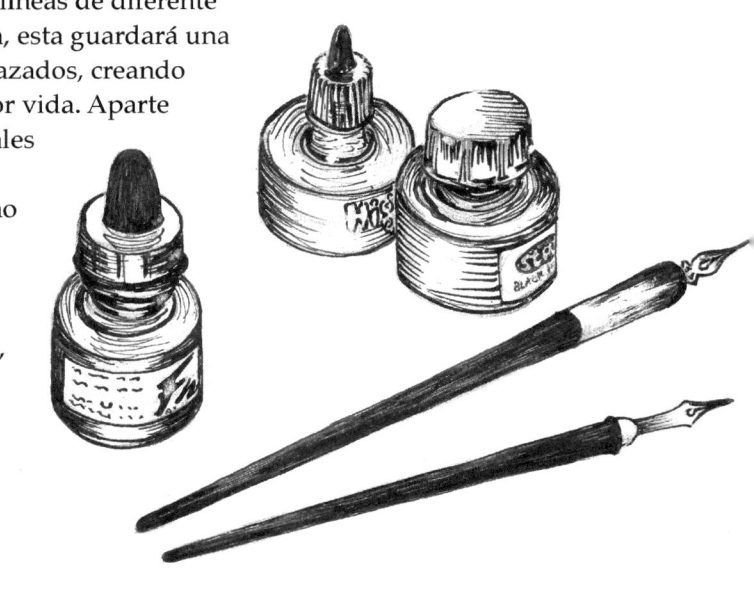

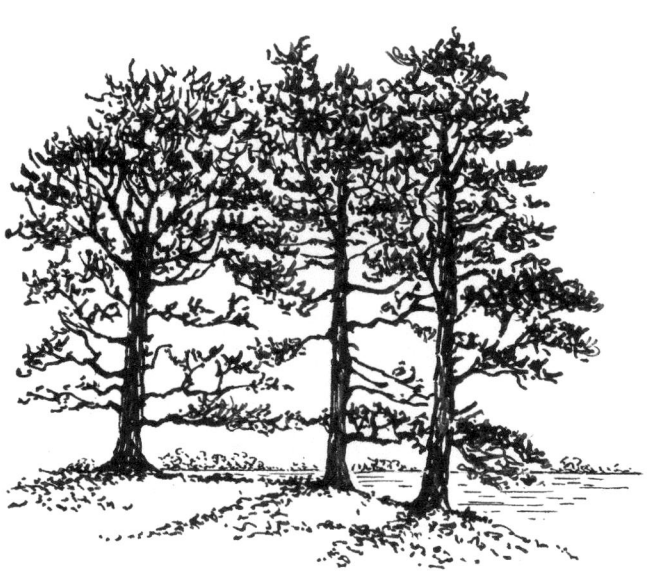

Árboles al lado del lago

Tinta acrílica. Vista sorprendente de Derwentwater, en la región inglesa de Lake District.

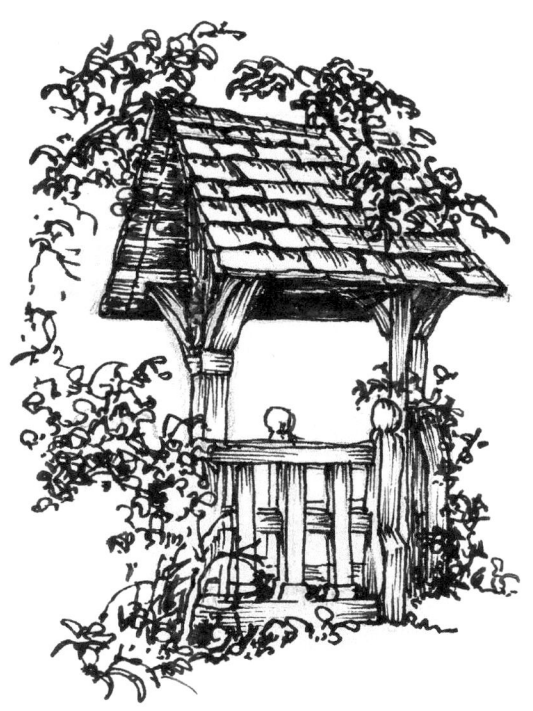

Puerta con porche

Tinta acrílica.

ROTULADORES TÉCNICOS

Los rotuladores de tinta permanente están disponibles con puntas de distintos grosores, desde los de punta fina hasta los gruesos, y son muy populares entre los principiantes ya que se secan enseguida, no manchan y son fáciles de llevar en un bolsillo o en un bolso. Son óptimos para el trabajo detallado, por lo que a veces se les llama rotuladores técnicos. Algunos tienen una base de alcohol y una tinta más líquida por lo que también se pueden utilizar sobre lápices pastel si así se desea. Otros rotuladores tienen tinta soluble en agua que puede producir un efecto tonal muy agradable cuando se diluye con un rotulador de agua sobre papel.

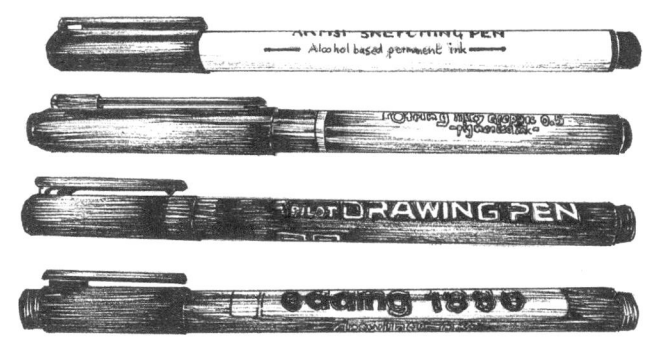

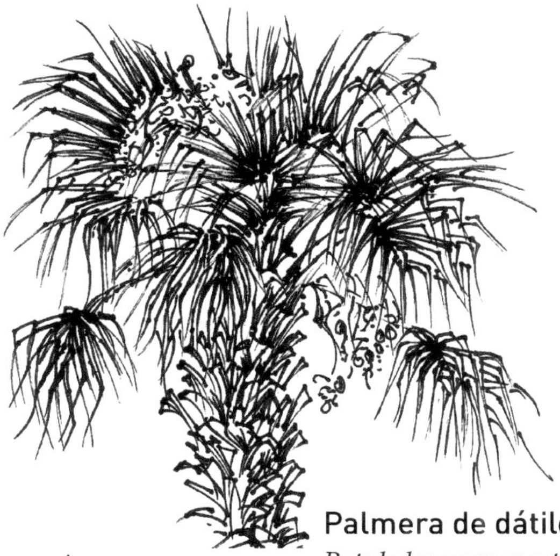

Palmera de dátiles
Rotulador permanente de tinta con base de alcohol.

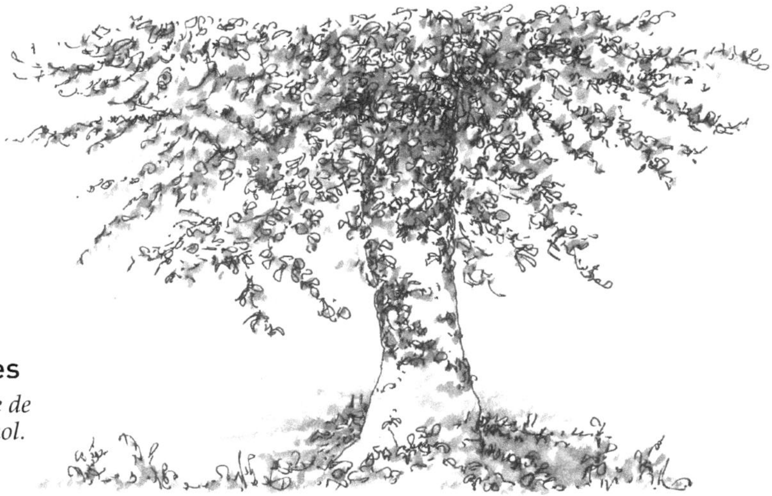

Haya
Rotulador con base soluble en agua.

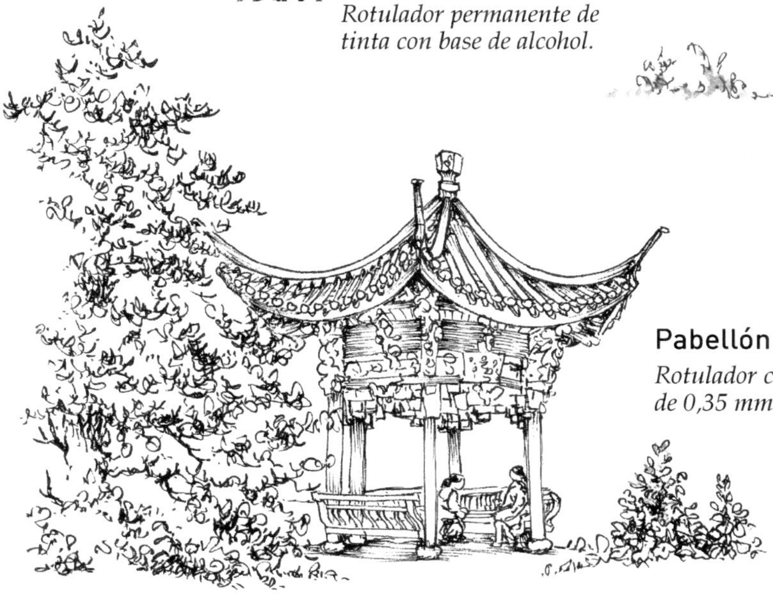

Pabellón chino
Rotulador con pigmentos de 0,35 mm.

LÁPICES CONTÉ

A finales del siglo XVIII, Nicolas-Jacques Conté descubrió una mezcla única de tiza roja, blanca o negra con barro y que conseguía unas barritas cuadradas (*carrés*, en francés), más firmes que los lápices pastel blandos. Son capaces de trazar dibujos delicados y detallados como los que realizaba Antoine Watteau, y también trazos más anchos y libres. Se pueden difuminar utilizando un bastoncito con algodón o un difumino. La forma cuadrada de las barritas hace que sea posible utilizar trozos más pequeños o más grandes apoyados sobre su lateral para hacer marcas anchas, de libre ejecución; por otra parte, la presión firme confiere una densidad más fuerte de color.

Los artistas hoy en día cuentan con una amplia gama de estos lápices.

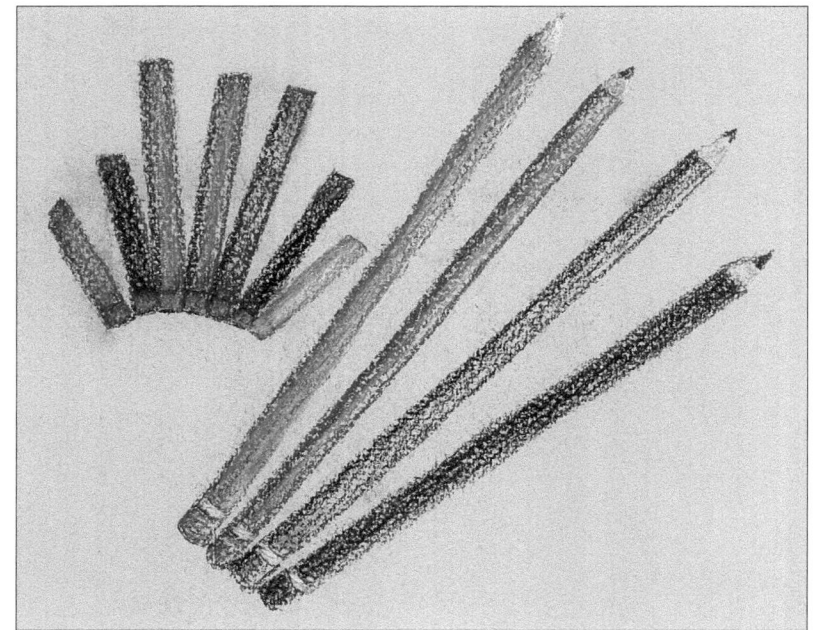

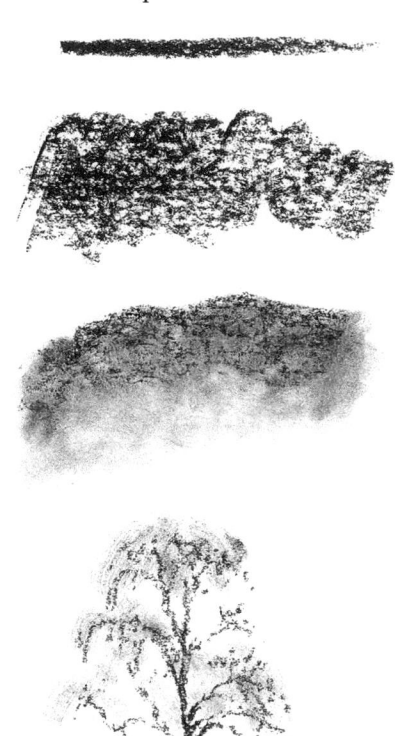

Técnicas con lápices Conté sobre papel de dibujo.

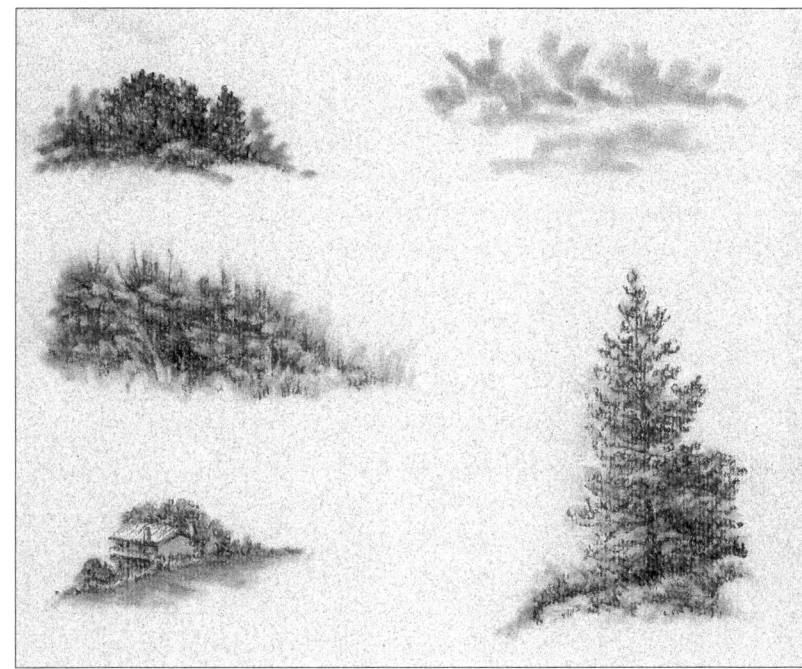

Técnicas con lápices Conté sobre papel tintado para pastel.

14

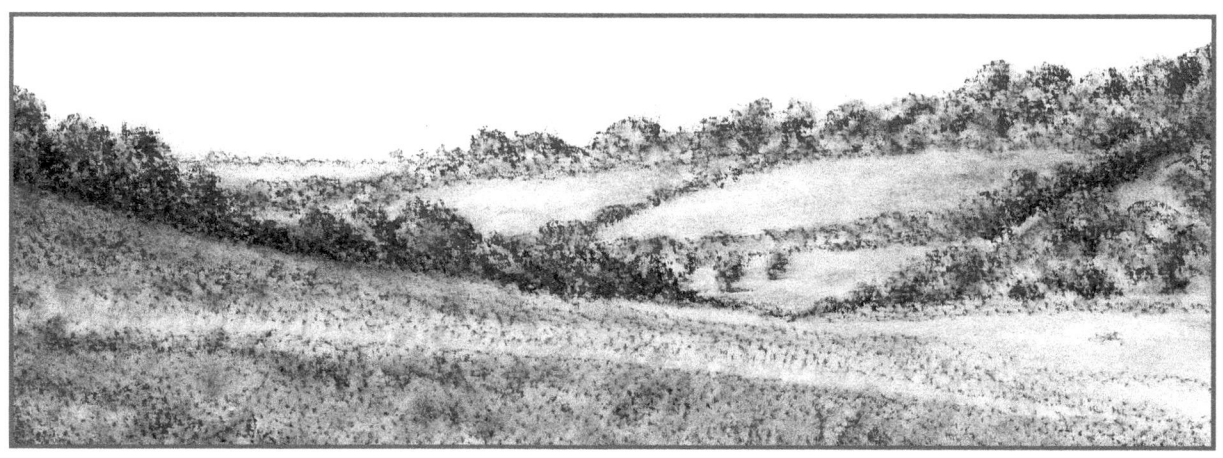

Precioso valle
Lápices Conté en tonos sepia sobre papel rugoso para acuarelas.

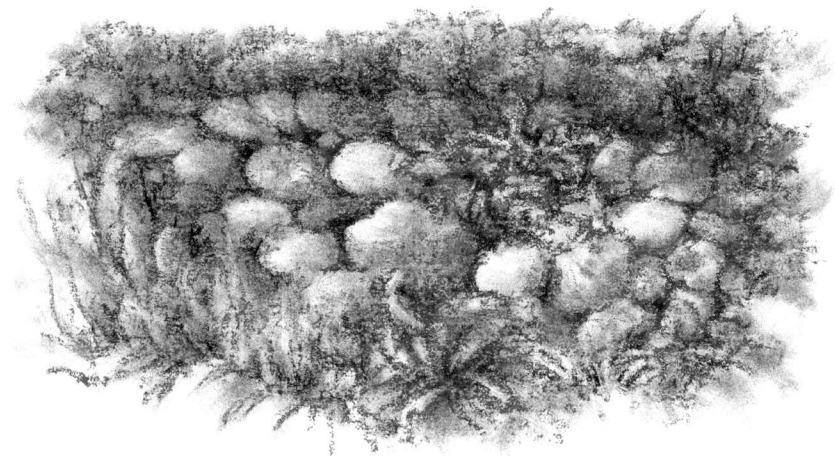

Muro de piedra con musgo y helecho

Camino a Mickleden
Lápiz Conté sobre papel para acuarela de 300 g/m² (140 lb).

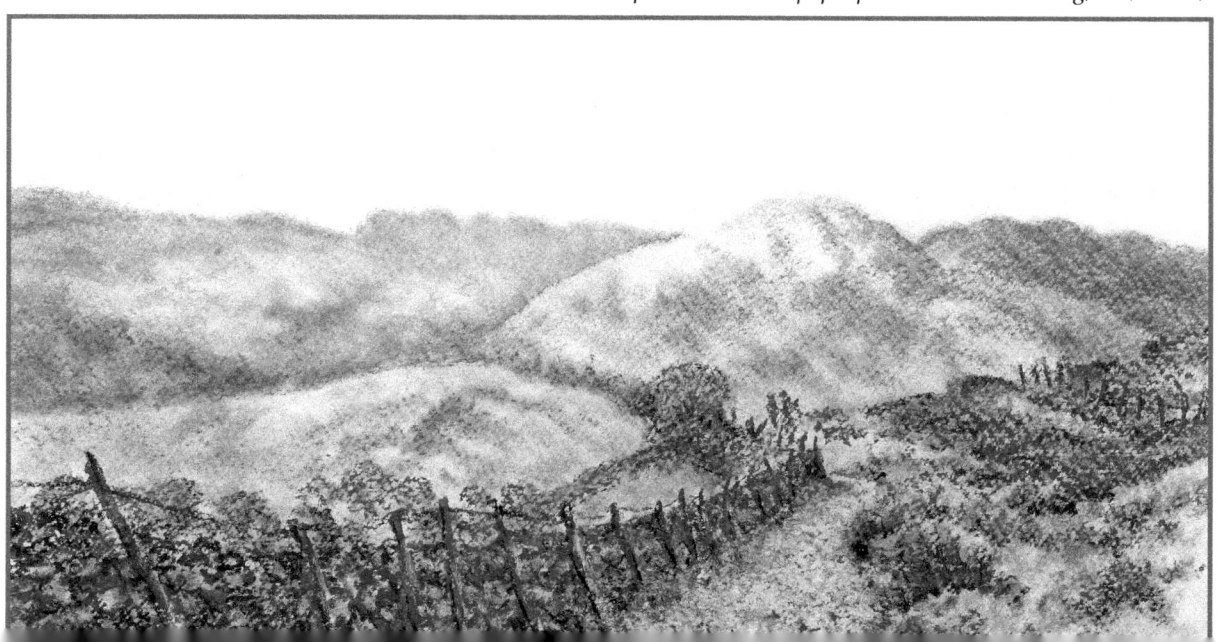

PASTELES

Los lápices pastel están elaborados con pigmentos puros que forman una pasta y se combinan con un aglutinante (normalmente goma arábica). Los lápices pastel blandos tienen más pigmento que aglutinante, se enrollan formando una barrita y en ocasiones están envueltos en papel. En cambio, los lápices pastel más duros llevan más aglutinante y, en ocasiones, piedra pómez añadida para darle ese toque más «áspero». Los tarritos de pastel —o *pan pastel* — están hechos de una pasta de pigmento que se echa en unos recipientes redondos de plástico en los que se endurece, de modo que hay que aplicarla con una pequeña esponja, con una herramienta de plástico o similar. No desprenden mucho polvo, a diferencia de los pasteles más blandos.

Los lápices pastel son duros y firmes. Los que yo empleo son los que contienen piedra pómez, lo que les aporta una agradable textura arenosa; son muy útiles para el trabajo con detalles y también para dibujos preliminares.

Hay que tener cuidado de no inhalar el polvo de los colores pastel y después hay que lavarse las manos a conciencia.

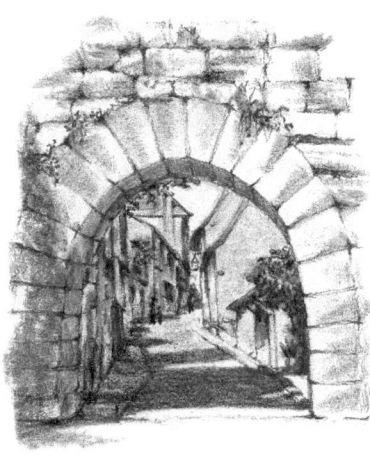

Abetos
Pastel en tarro sobre papel húmedo para acuarela (izquierda) y pastel blando sobre papel húmedo para acuarela (derecha).

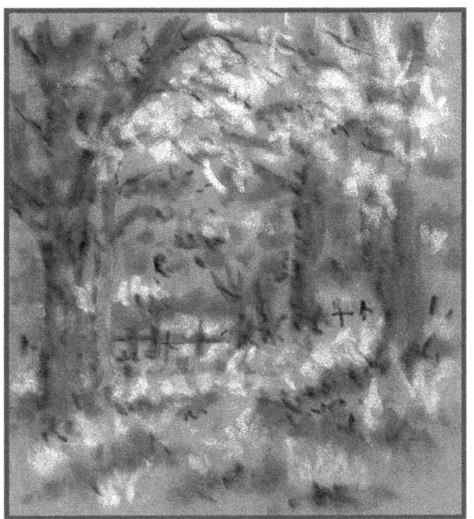

Bosque oscuro
Pastel blando sobre papel pastel de velvetón tintado en gris.

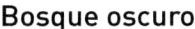

Calle en Rocamadour, Francia
Pastel en tarro y lápiz pastel sobre papel blanco para acuarela de 200 g/m² (120 lb).

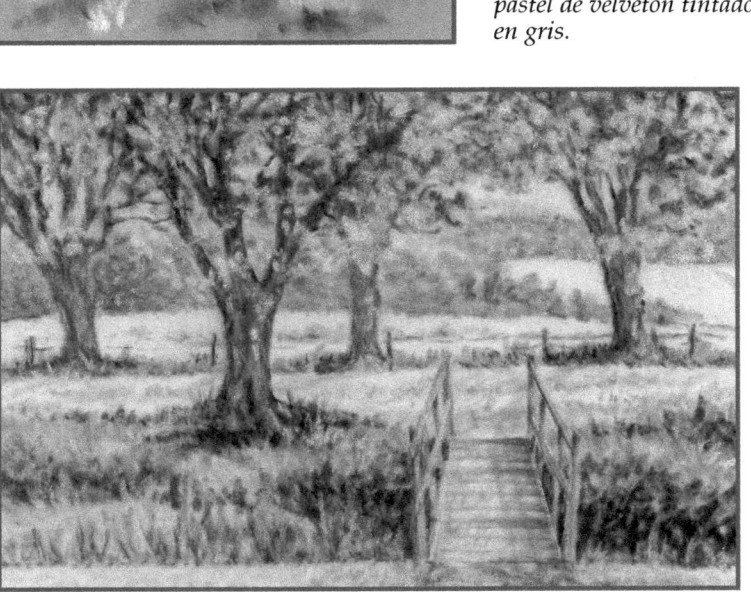

Craigievar, Aberdeenshire
Pastel blando sobre papel de velvetón pastel tintado en color crema.

CARBONCILLO

El carboncillo se corre y se mezcla muy fácilmente, una característica que puede ser tanto una ventaja como un inconveniente. Si no se anda con cuidado, se puede correr el dibujo con la mano, pero también se puede borrar fácilmente con la goma. Esta también puede utilizarse, si es puntiaguda, para dibujar un fondo oscuro con carboncillo de saúco. Las líneas finas o gruesas pueden conseguirse variando la presión y, si se emplea de lado, enseguida se crea un sombreado. Como puedes ver, es un medio muy versátil.

En cuanto al carboncillo comprimido en barra, no se borra tan fácil pero se pueden fundir los tonos a medida que se progresa en el dibujo.

Los lápices de carboncillo me gustan mucho para trazar las líneas más finas y los detalles sobre papel blanco.

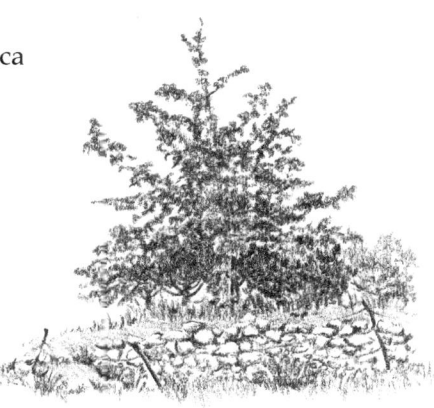

Árboles al lado de un murete
Lápiz de carboncillo sobre papel para acuarela de 300 g/m² (140 lb).

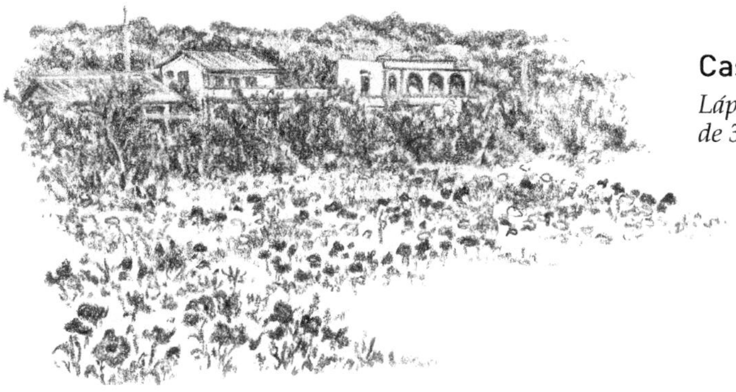

Casas de campo en Creta, Grecia
Lápiz de carboncillo sobre papel para acuarela de 300 g/m² (140 lb).

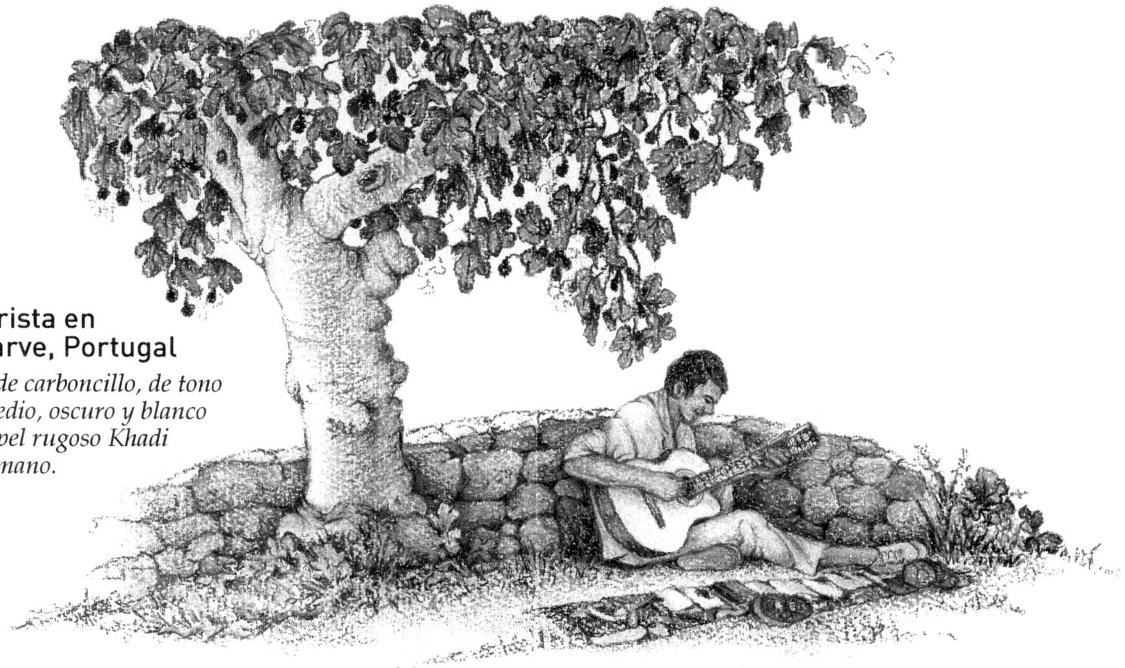

Guitarrista en el Algarve, Portugal
Lápices de carboncillo, de tono claro, medio, oscuro y blanco sobre papel rugoso Khadi hecho a mano.

SUPERFICIES

Está bien experimentar dibujando sobre diferentes superficies pero seguramente verás que una superficie en concreto encaja mejor con tu estilo personal. El papel para acuarelas puede ser liso —prensado en caliente—, medio —sin prensar o prensado en frío— o rugoso, y también puede tener distintos grados de absorbencia de acuerdo con la cantidad de papel que haya utilizado el fabricante y también del grosor. Por otro lado, el papel de dibujo también puede variar mucho. A mí personalmente me gusta el papel grueso porque me resulta más satisfactorio. Para finalizar, el papel para pastel suele estar tintado y el especial para acuarelas también puede encontrarse tintado en diferentes colores.

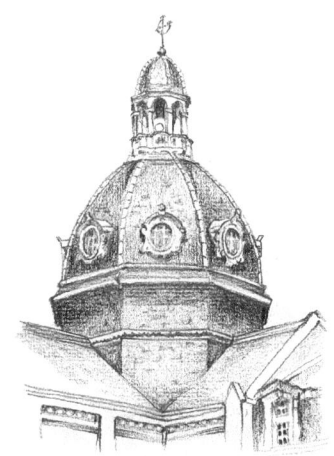

Château-Gontier, Mayenne, Francia

Medidas: 10 x 15,5 cm (4 x 6"). Lápices de grafito 2B y 4B sobre papel blanco Fabriano Classico de 100 g/m² (45 lb). Este papel tiene una textura que encaja muy bien cuando se utiliza grafito, carboncillo o pastel, porque ayuda a dibujar los ladrillos del lateral de esta cúpula además de aportar una agradable irregularidad a las líneas de este dibujo hecho a lápiz.

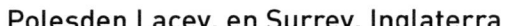

Edificio de piedra antigua en Vendeé, Francia

Medidas: 10 x 15,5 cm (4 x 6"). Lápiz de grafito 2B sobre papel blanco Fabriano Classico de 100 g/m² (45 lb). El papel tintado ofrece un tono sutil y tenue a todo el dibujo. Se pueden dibujar líneas muy finas y detalladas así como fuertes sombras oscuras.

Polesden Lacey, en Surrey, Inglaterra

Medidas: 25,5 x 35,5 cm (10 x 14"). Tinta acrílica sobre papel rugoso para acuarela de 400 g/m² (190 lb). El grueso papel absorbente confirió al dibujo una tremenda variedad de marcas al aplicar la tinta con una pluma de tintero. Podemos ver trazos oscuros, concentración de tinta en las plantas y sin embargo, líneas rasgadas, rotas, en las columnas corintias.

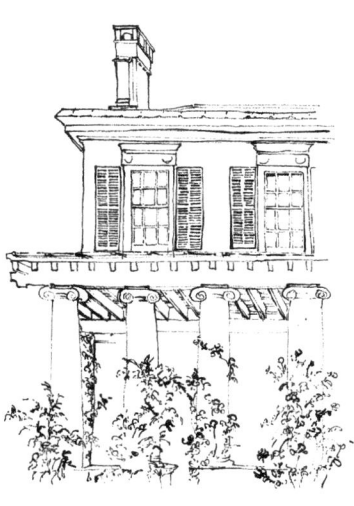

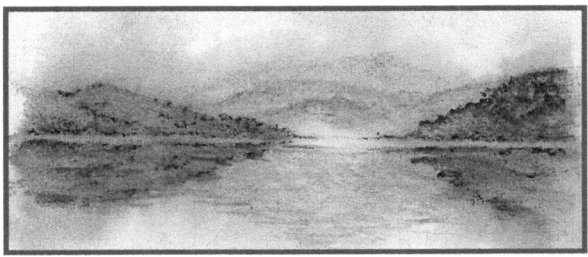

Lago Ness, Escocia

Lápiz soluble en agua sobre papel indio Khadi hecho a mano. Este papel artesanal grueso posee una textura única muy absorbente, de modo que el lápiz se desliza formando líneas suaves cuando se dibuja sobre una superficie humedecida. Un pincel de acuarelas cargado de agua difumina los tonos de forma igualitaria para lograr unos sutiles reflejos.

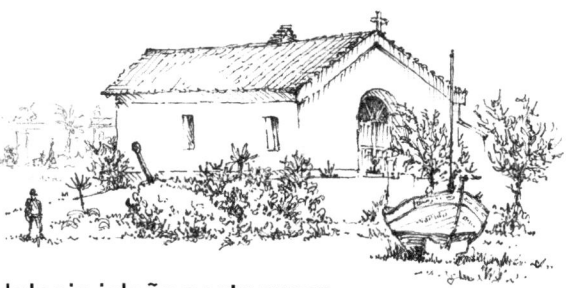

Iglesia isleña portuguesa

Medidas: 17,7 x 10 cm (7 x 4"). Rotulador de punta fina sobre papel de dibujo. La superficie lisa del papel encaja bien con las líneas precisas que necesitaba para este proyecto.

OTROS MATERIALES

Trabaja siempre sobre una base firme, preferiblemente fijada a un tablero de dibujo con cinta adhesiva, un clip o una pinza. De esta manera el papel no se escurrirá. Para dibujar es importante, además, utilizar un papel de buena calidad.

Hay que contar con un papel de calco para ponerlo bajo la mano con la que dibujamos. De esta manera, el dibujo no se correrá, podremos ver igualmente los trazos y estaremos adquiriendo un buen hábito. Un trozo de plástico transparente o un acetato también pueden realizar esta función.

A menudo es necesario utilizar un lápiz afilado para hacer dibujos minuciosos, por lo que conviene tener a mano un buen sacapuntas o cuchilla para este fin. A mí me gusta utilizar un tipo de sacapuntas que logra una punta muy afilada y también otro que tiene tres aperturas diferentes para lápices finos, medianos y gruesos así como para barras de grafito. También encontrarás que existen muchos sacapuntas que guardarán dentro las virutas hasta que tengas tiempo para vaciarlos, lo que es muy práctico.

Una pluma de junco o de bambú creará líneas de distintos grosores y un lápiz de acuarela oscuro plasmará una suave línea granulada que también puede humedecerse con un rotulador de agua en cualquier momento. No cuesta nada llevar estos elementos en un estuche. Un bastoncillo de algodón también viene bien para difuminar una línea, para mojarlo en agua o para aplicar pequeñas cantidades de carboncillo o pastel. Asimismo, un difumino te será útil para mezclar suavemente los tonos en varios medios secos.

En particular, también me agrada utilizar una goma dura que puede moldearse creando una punta para hacer reflejos sobre el carboncillo de saúco o el dibujo con pasteles. Por descontado, viene también de maravilla para borrar cualquier error. Por contra, hay quien prefiere las gomas plásticas más duras, ahora bien, en ese caso hay que apartar bien los trozos de goma que queden sobre el dibujo.

Cuando tengo que pintar zonas grandes me gusta emplear los colores pastel en tarro: se pueden utilizar con pequeños aplicadores de esponja para crear dibujos sutiles al modo impresionista. Se puede dibujar encima de estos pasteles con rotuladores con base de alcohol para crear un efecto lineal de contraste. Los contenedores de agua para orquídeas son útiles para guardar frescas las muestras mientras dibujas el primer plano de una obra paisajística. Así se pueden ir añadiendo flores, plantas o ramas con hojas sosteniéndolas formando un ángulo natural.

En el sentido de las agujas del reloj desde el extremo inferior izquierdo: cinta adhesiva, pinza, clip, contenedores para orquídeas, sacapuntas, colores pastel en tarro, bastoncitos de algodón, sacapuntas, goma de borrar, goma de plástico, lápiz de acuarela, difumino, pluma de bambú, rotulador de agua y cúter para afilar lápices, todo sobre papel de calco y tablero de dibujo.

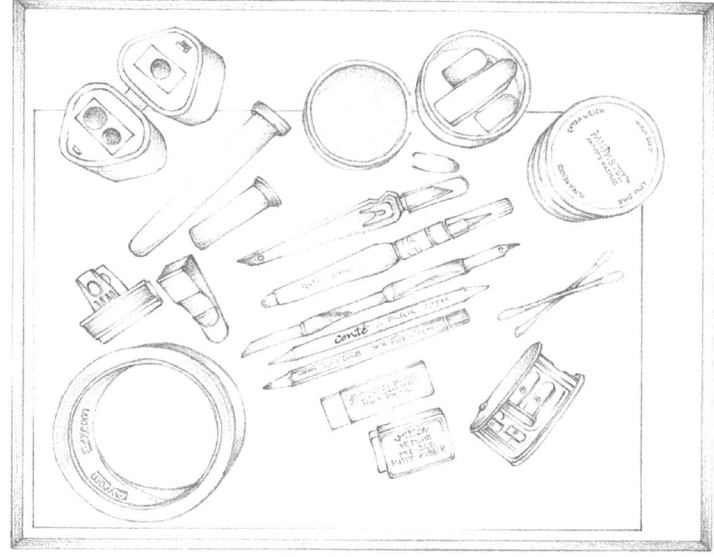

Por dónde empezar

TRABAJAR A PARTIR DE FOTOGRAFÍAS

Advertí en esta casa de campo en Escocia cuando caminaba por un sendero al lado de un río. De inmediato me llamó la atención la forma de la casa con sus chimeneas y gabletes que contrastaban con los oscuros árboles del fondo. También me agradó el modo en el que el arbusto amarillento «enmarcaba» la visión desde el lateral y la parte frontal. El ángulo de la colina aportaba aún mayor interés y la chimenea humeante confería esa sensación hogareña. Como no tenía mucho tiempo para dibujar, hice unas cuantas fotografías desde distintos ángulos a modo de referencia para trabajar posteriormente. El lateral de la casa me resultaba más interesante que la parte frontal y decidí hacer un dibujo con lápiz de grafito sobre el que después podría dibujar el humo con la ayuda de una goma blanda.

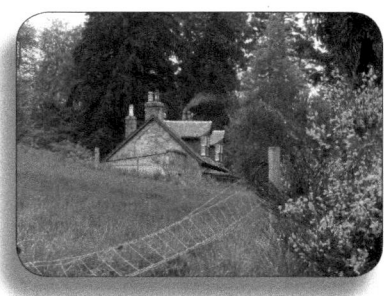

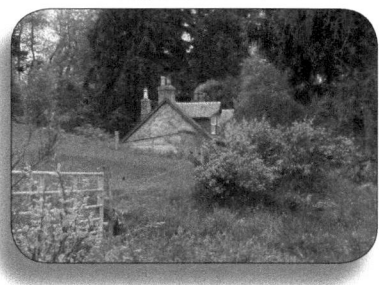

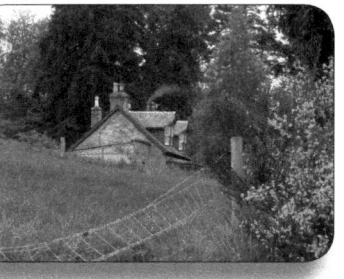
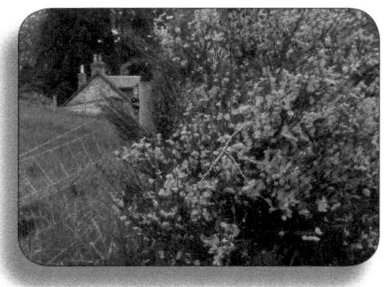
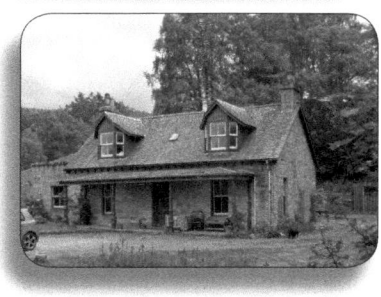

Empecé haciendo unos bocetos pequeñitos, con lápiz 6B.

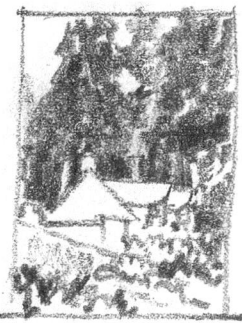

Primero hice un pequeño boceto en formato de retrato para enfatizar la altura de los árboles detrás de la casa. También exploré el contraste de tonos.

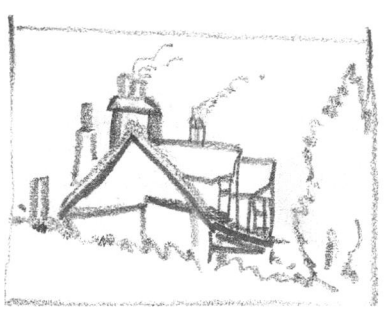

A continuación, representé una versión de la casa más de cerca, en formato paisajístico, pero decidí que quería incluir más árboles y el campo para darle más vitalidad.

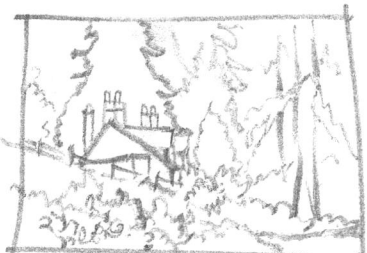

Coloqué la casa de campo en posición de punto de fuga, a ⅓ de altura de la base, dibujando la casa desde un ángulo lateral. Quería que el árbol oscuro quedase justo detrás de la casa y que los dos árboles más grandes se posicionasen a la derecha para equilibrar la composición. Asimismo se advierte el borde de una curva de la carretera en el lado derecho.

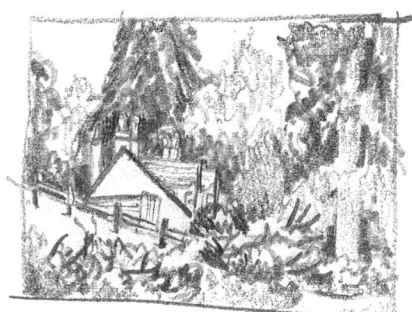

Me gustó esta composición y proseguí con otro pequeño esbozo para estudiar más la luz, el medio y los tonos oscuros antes de empezar el gran dibujo.

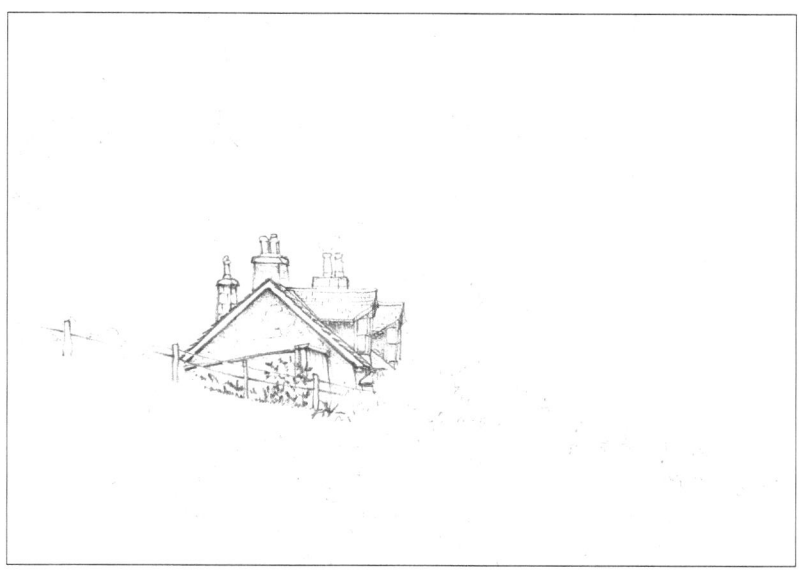

1 En primer lugar, esbocé todos los elementos ligeramente con un lápiz HB. Dibujé la casa y la valla con más detalle utilizando un lápiz 6B.

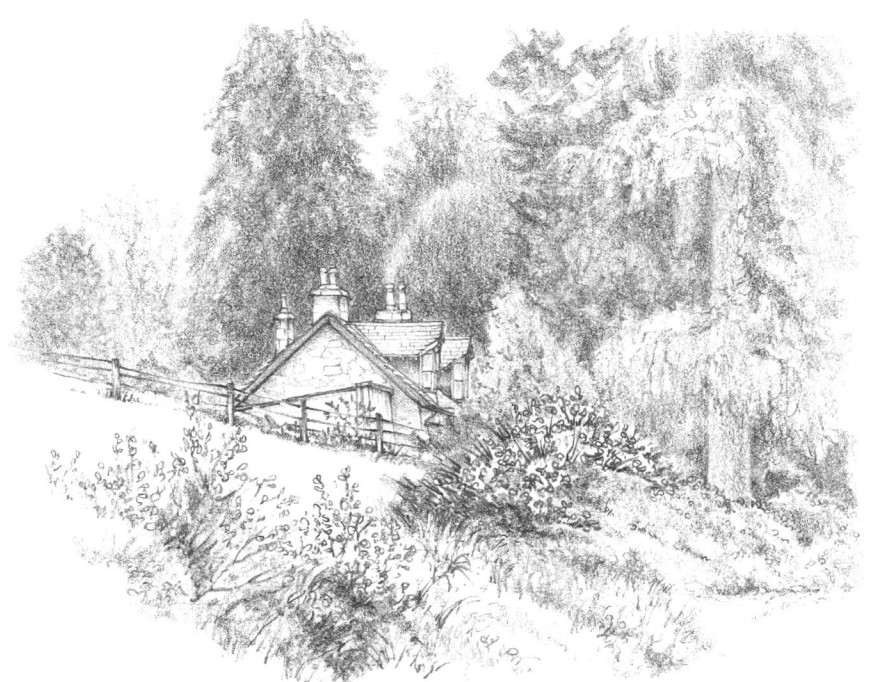

2 El siguiente paso fue dibujar con gran lujo de detalle los arbustos cercanos a la casa, empleando los tonos más oscuros también ahí. Para conseguirlo miré la fotografía en la que tenía ampliado el arbusto. Con el lápiz 6B ladeado y con trazos descendientes, sombreé los árboles del fondo —sin ningún contorno preciso— con distintos tipos de presión y manteniendo los tonos más oscuros directamente detrás de la casa. Los pinos más grandes los dibujé en el lado derecho con tonos bastante claros, ya que no quería que sobresaliesen mucho de la casa y dejé el campo del mismo tono que el papel blanco precisamente para que resaltase la casa. Por último, utilicé con cuidado una goma con punta para borrar el lápiz y dibujar el humo.

Casa sobre una colina
Lápiz de grafito sobre papel para acuarela prensado en caliente de 300 g/m² (140 lb).

UTILIZAR BLOCS DE DIBUJO

Casi siempre llevo un bloc de dibujo conmigo, ya sea uno grande o uno pequeño. Así puedo expresar mis emociones respecto a lo que veo de un modo que me es imposible conseguir de otra manera. ¡Una imagen vale más que mil palabras! Si un dibujo se hace al aire libre, será más fresco y más vivo que si se copia de una fotografía y además, te traerá recuerdos de tus emociones de cuando lo pintaste, cuando lo viste, con quién estabas, qué tiempo hacía, qué hora del día era y, sobre todo, lo feliz que estabas pintando. A mí me encanta hacer dibujos rápidos cuando estoy de vacaciones: en el tren, en una cafetería, en la playa, en el campo e incluso en mi jardín. Las imágenes que guardes te serán útiles para insertarlas posteriormente en dibujos a gran escala. Enseguida te acostumbrarás a dibujar incluso si va pasando gente, y estarás tan absorto en tus dibujos que ni te darás cuenta. Es un hábito que hay que adquirir y practicar.

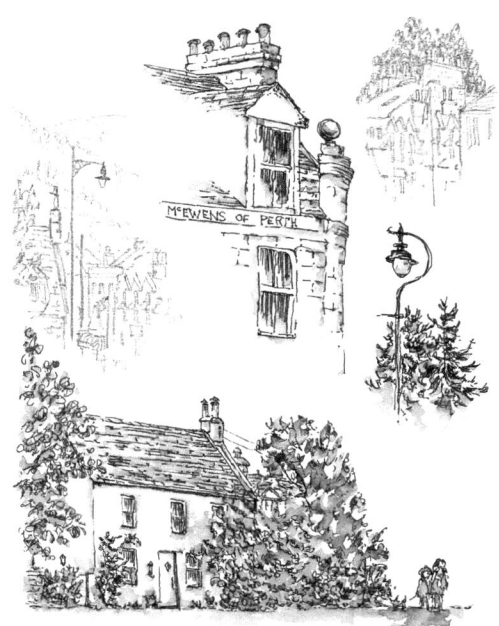

Ballater, Aberdeenshire, Escocia
Pluma de tinta soluble en agua y lápiz. Bloc de dibujo A4 con papel de dibujo de 200 g/m² (120 lb).

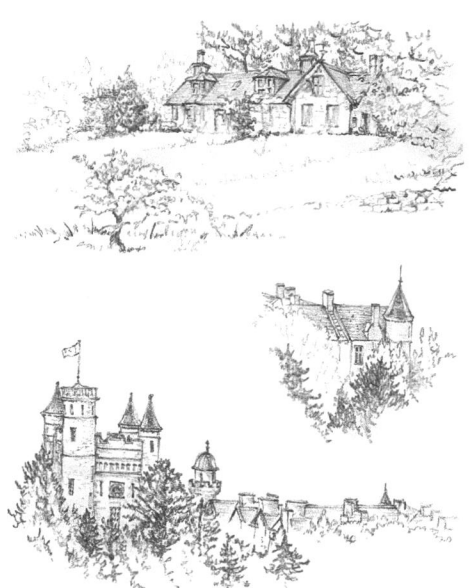

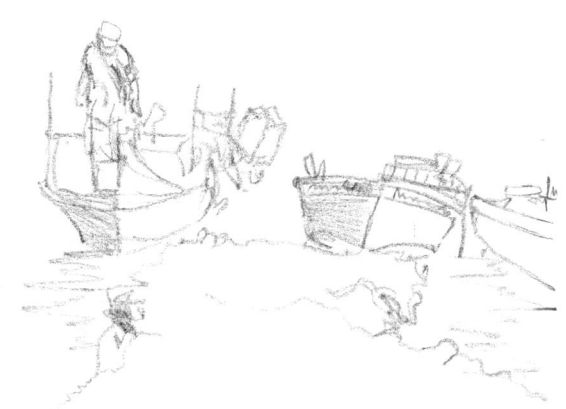

Castillo de Balmoral y casa cercana, Escocia
Lápiz 2B y 6B sobre bloc de dibujo A4 con papel de dibujo de 200 g/m² (120 lb).

Castillo de Balmoral y casa cercana, Escocia
Lápiz 2B y 6B sobre bloc de dibujo A4 con papel de dibujo de 200 g/m² (120 lb).

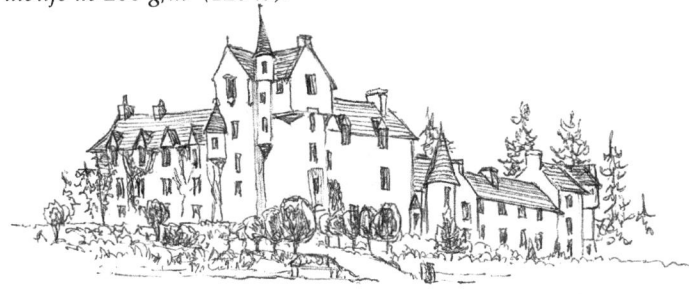

Castillo Ballindalloch, Escocia
Bolígrafo sobre papel de dibujo.

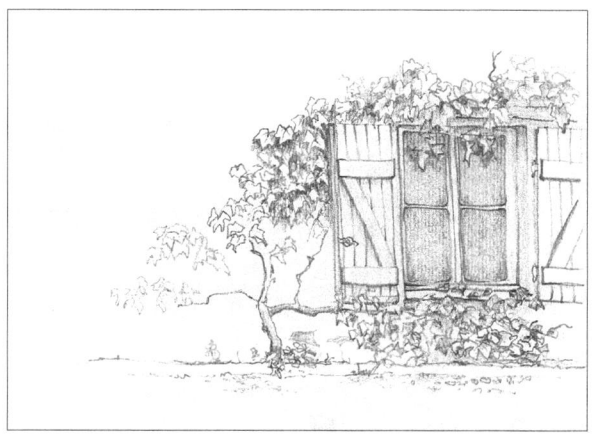

Casa rural francesa
Lápiz 4B sobre papel tintado Fabriano Classico de 100 g/m² (45 lb).

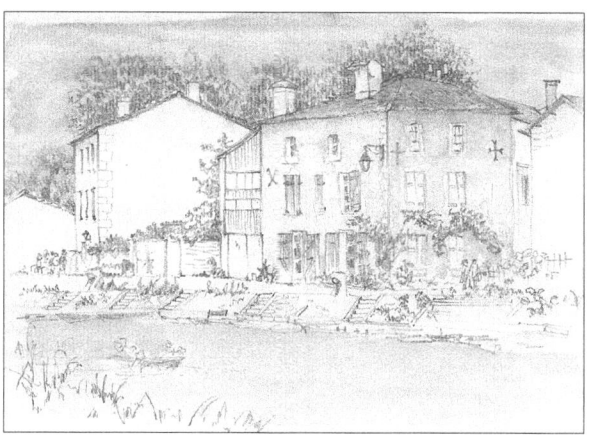

Mahon, Francia
Lápiz 2B sobre bloc de dibujo de papel blanco Fabriano.

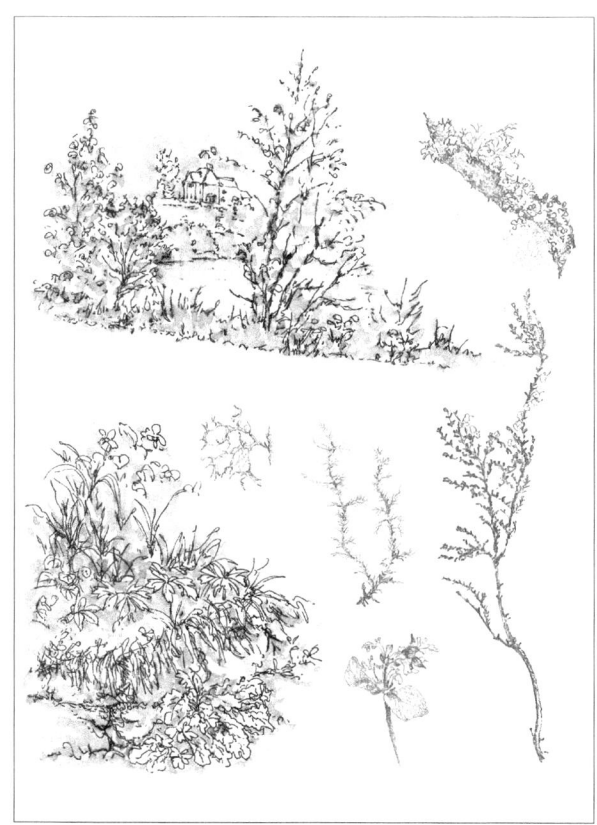

Vegetación a orillas del río Dee
Pluma de tinta soluble en agua sobre papel de bloc de dibujo A4. Liquen, musgo, cornetas, brezo y rama cubierta de liquen (esquina superior derecha).

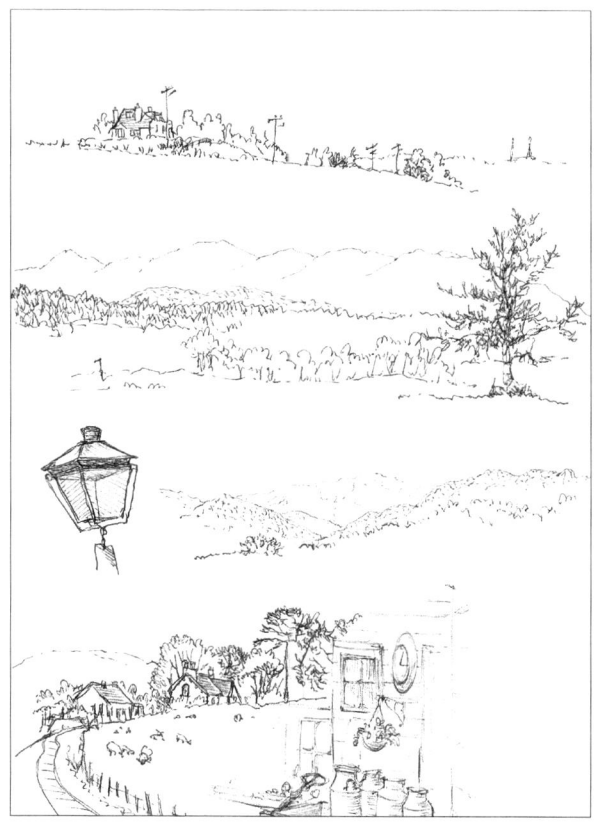

Vistas desde un tren
Hice estos dibujos rápidos a lápiz mientras viajaba en un tren de vapor desde Brocmhill hasta Aviemore, en Escocia. El lento traqueteo del tren de vapor me ayudaba a trazar las líneas naturales de las montañas. El dibujo superior lo tracé cuando el tren se paró en la estación de Broomhill y el último cuando hizo una breve parada al lado de Strathspey.

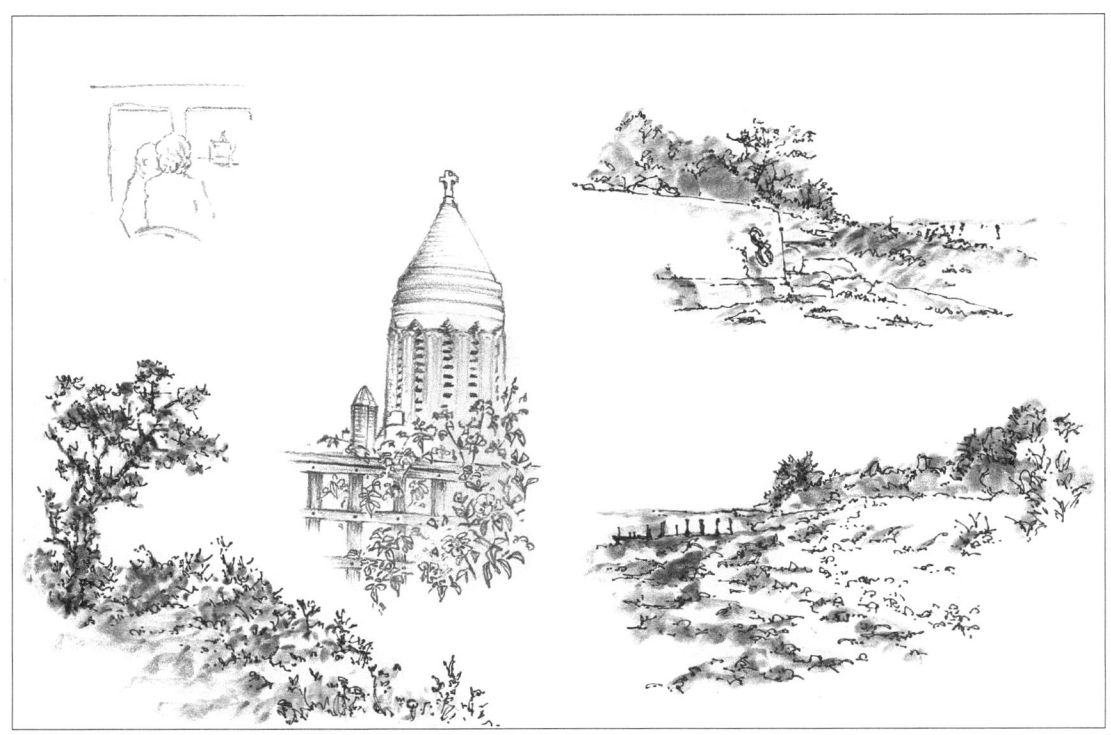

Escenas de playa

Tres escenas de playa en Bembridge y la abadía de Quarr, en Fishbourne, en la isla de Wight. Están realizadas en dos páginas de un bloc de dibujo de tamaño A4 conformado por páginas de papel de dibujo de 200 g/m^2 (120 lb). También hay un pequeño boceto de los pasajeros del barco. Está hecho con tinta, una vez la abadía estuvo dibujada con lápiz 4B.

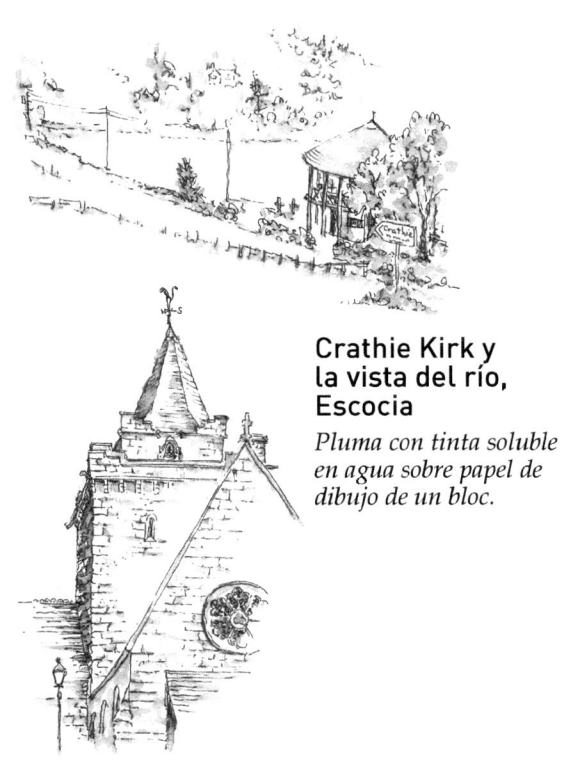

Crathie Kirk y la vista del río, Escocia

Pluma con tinta soluble en agua sobre papel de dibujo de un bloc.

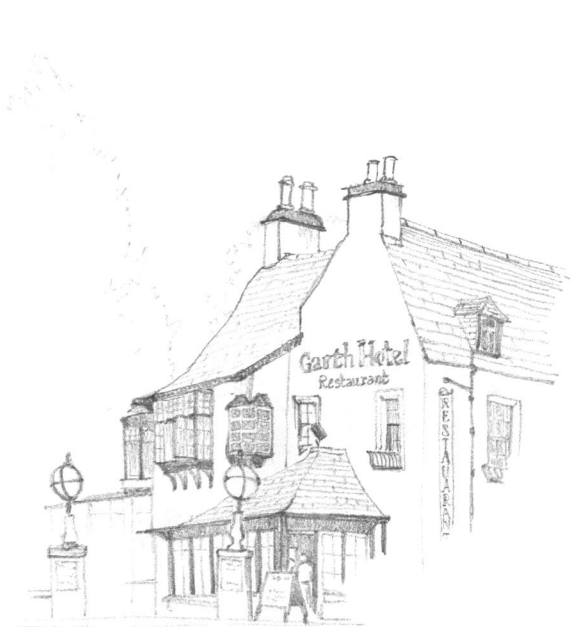

Hotel Garth, Grantown-on-Spey

Rotulador técnico sobre papel de dibujo de un bloc.

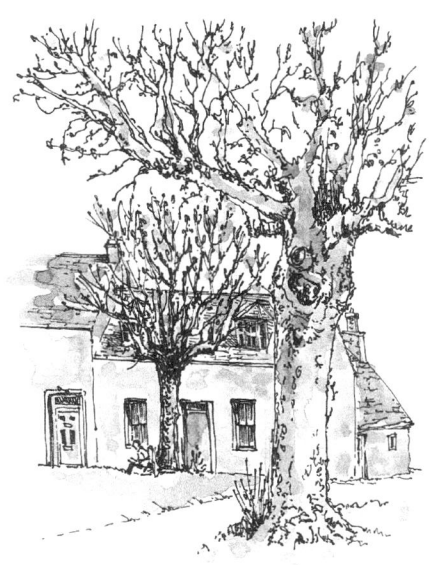

Árboles invernales

Tomintoul, el pueblecito más alto del Parque Nacional de Cairngorms, Escocia. Rotulador sobre bloc de dibujo con páginas de 200 g/m^2 (120 lb). Hacía muchísimo frío, así que nos acercamos a un restaurante para entrar en calor y degustar unas hamburguesas de deliciosa ternera escocesa. ¡Indescriptibles!

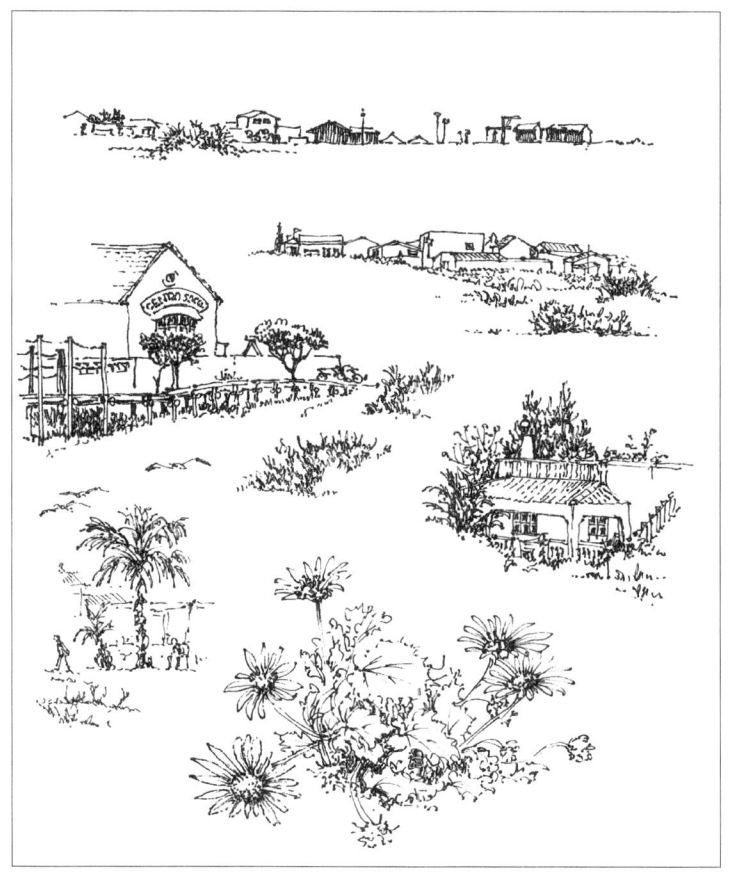

Isla de la Culatra, Algarve, Portugal
Rotulador sobre papel de dibujo A4 de 200 g/m^2 (120 lb).

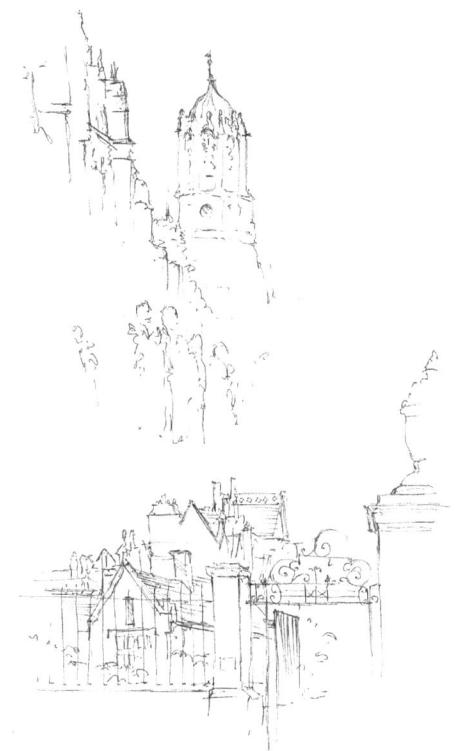

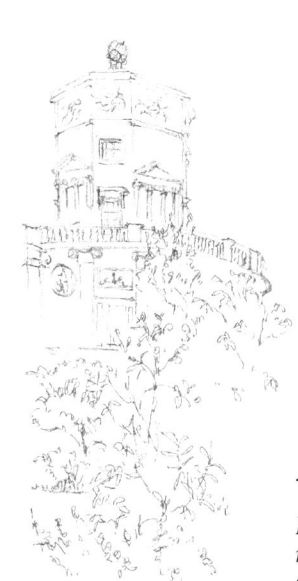

Tres vistas de Oxford
Los tres dibujos están realizados con rotulador negro sobre hojas de un bloc de dibujo de 200 g/m^2 (120 lb).

DIBUJAR LO QUE SE VE

La primera línea que trazas al empezar a dibujar es la más importante, ya que será la guía para las siguientes. Todas están relacionadas en referencia a su tamaño, ángulo, intensidad y posición en la página. La siguiente demostración está basada en la escena que muestra la fotografía de la derecha.

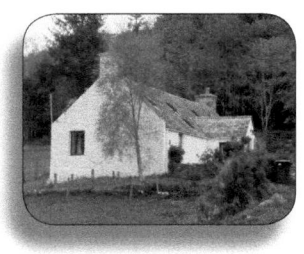

El refugio del pastor, las Highlands escocesas

1 Dibuja una línea vertical que sea paralela a ambos lados del papel, justo en el centro.

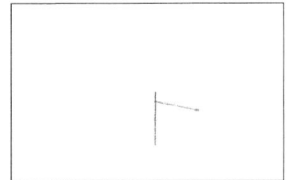

2 Dibuja otra línea más corta, formando un ángulo con la primera.

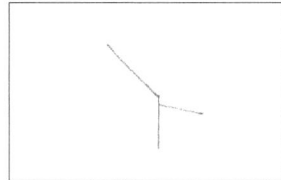

3 Haz una tercera línea que conforme un ángulo obtuso —de unos 75°— con la parte superior de la primera línea.

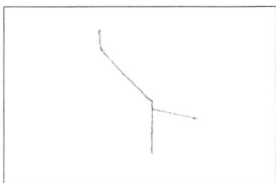

4 Traza una línea corta, paralela a los laterales del papel.

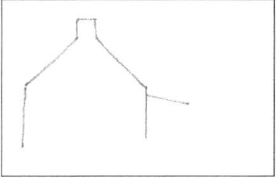

5 Dibuja una austera chimenea simétrica y añade una línea formando un ángulo que sea simétrico con el otro tejado a dos aguas. El edificio no se ve exactamente desde enfrente sino que se observa desde un ángulo y por lo tanto esta línea será más alta que la del otro lado.

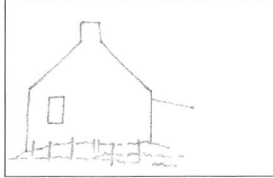

6 Representa la ventana, los postes de la valla, una pared y la hierba.

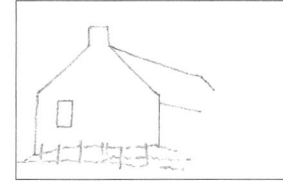

7 Añade las líneas superiores e inferiores del tejado —que parecen acercarse en la parte derecha — y la pequeña línea angular que está más lejos del borde del tejado, en paralelo a la línea del paso 3.

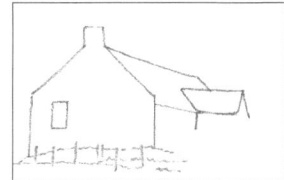

8 Dibuja la línea del porche que se une con el tejado, en paralelo a la línea del paso 3. Fíjate en que la parte superior e inferior del tejado del porche son paralelas a la parte superior del papel, y el borde inclinado del soportal es más bajo en la parte trasera.

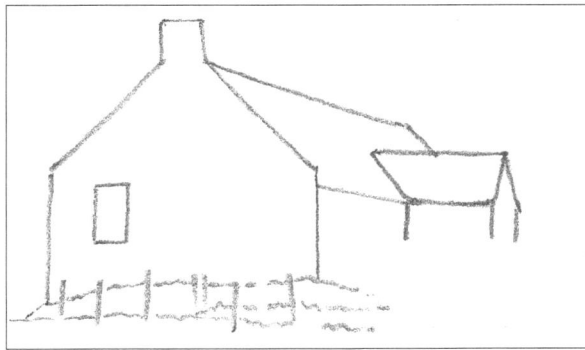

9 Los lados de la pared del porche son paralelos a los lados del papel.

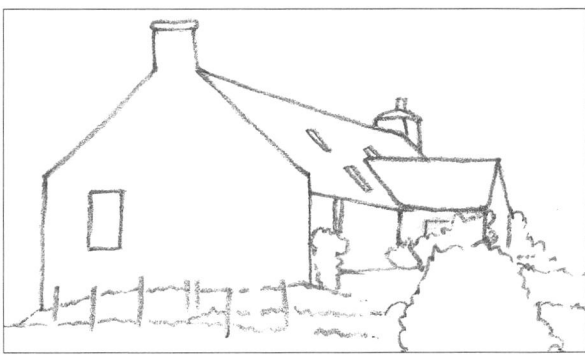

10 Dibuja la otra chimenea con el lado que mira hacia el porche en paralelo a la parte superior del tejado. Traza las ventanas con los lados en paralelo a la inclinación del tejado y acaba dibujando los arbustos.

Colinas cercanas a Loch Kinord, reserva natural escocesa

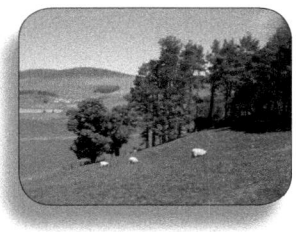

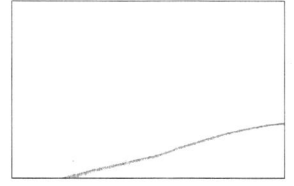

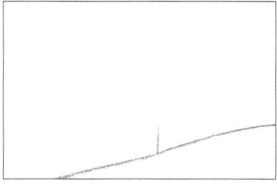

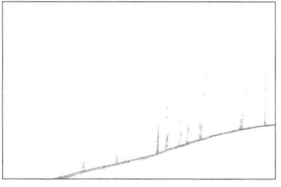

1 Perfila la línea de la colina que estará a ⅓ de la altura del papel, empezando por la derecha.

2 Traza una línea vertical en el centro del ancho del papel: representará el tronco del árbol.

3 Añade los otros troncos, asegurándote de que la distancia entre ellos sea la correcta.

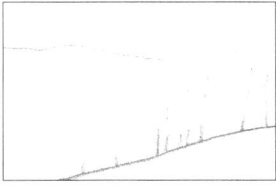

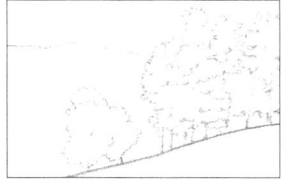

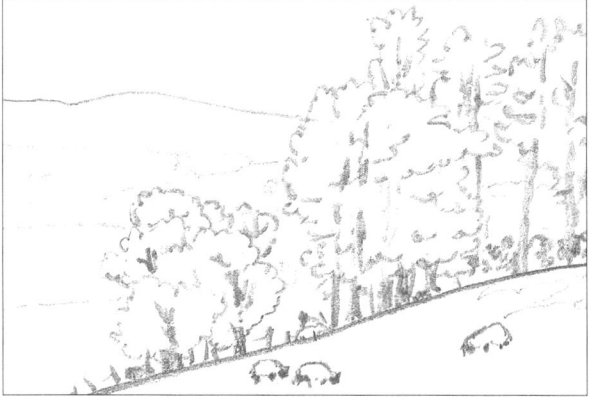

4 Incorpora la línea de las colinas más altas y lejanas, de manera que empieces la línea bajando ¼ de la altura del papel, desde la izquierda.

5 Esboza el follaje de los árboles principales.

Puente Packhorse, Carrbridge, Highlands escocesas

Se trata del puente más antiguo de las Highlands escocesas. Los dibujos que incorporan curvas siempre representan un gran desafío.

6 Completa el dibujo con los árboles más pequeños, la valla y las colinas distantes. Cabe destacar que he cambiado la posición de las ovejas para que la composición fuese más agradable.

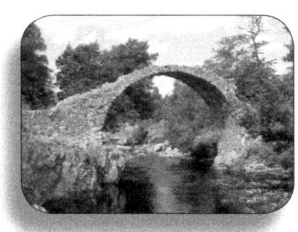

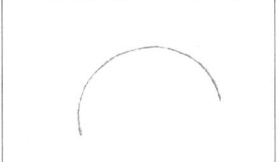

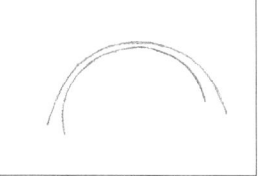

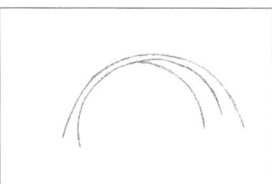

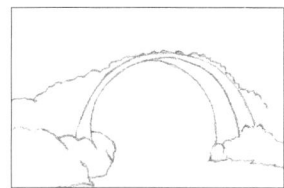

1 Dibuja el arco del interior del puente. Será prácticamente un semicírculo perfecto.

2 Delinea el arco superior en torno al que ya hemos dibujado: representará el borde superior, más ancho en los lados.

3 Incorpora el arco que será el costado más alejado de la parte interior del puente.

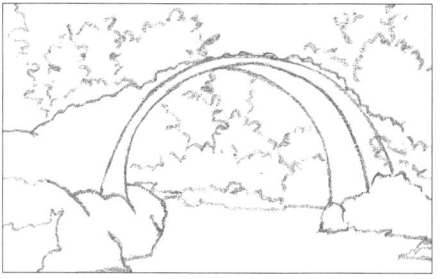

4 Añade la línea irregular de piedras alrededor de la parte superior del puente y dibuja la ribera del río en la parte frontal.

5 Traza los árboles que hay detrás y debajo del puente y sigue la ribera más alejada del río.

Líneas y tonos

EL ESTANQUE DEL PUEBLO

Con unas cuantas líneas podemos representar una imagen con gran expresividad. Un buen paisaje tendrá un punto de fuga aproximadamente a un tercio de distancia de la parte superior o inferior y a un tercio de uno de los lados. Aquí hice un dibujo con líneas de un pueblo en Sussex, en el sur de Inglaterra, utilizando barras de grafito sobre papel para acuarela prensado en caliente de 300 g/m² (140 lb). Las sombras oscuras de la parte derecha del estanque conforman una intensa línea tonal horizontal, a 2/3 de la parte superior del dibujo, siguiendo las reglas de proporción áurea. Los tonos más oscuros de las hojas de lirio en la parte inferior izquierda equilibran los tonos fuertes del techo de paja de

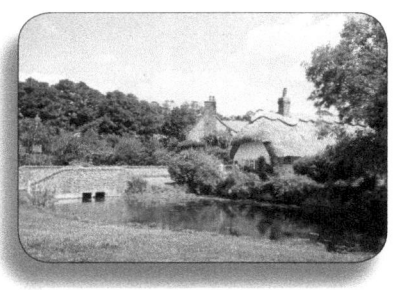

la casa, que crea el punto de fuga de este paisaje así como la zona de mayor contraste de tonos, de modo que atrapa la atención del espectador.

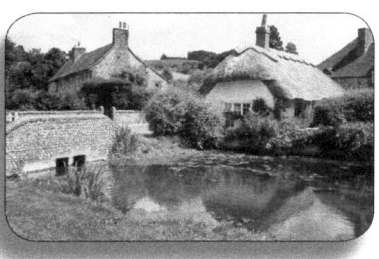

Combiné la información de las dos fotografías de referencia que había hecho para el dibujo.

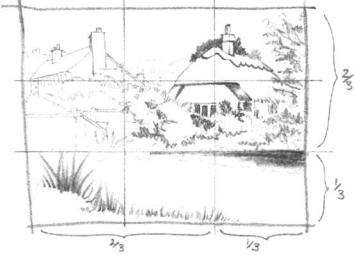

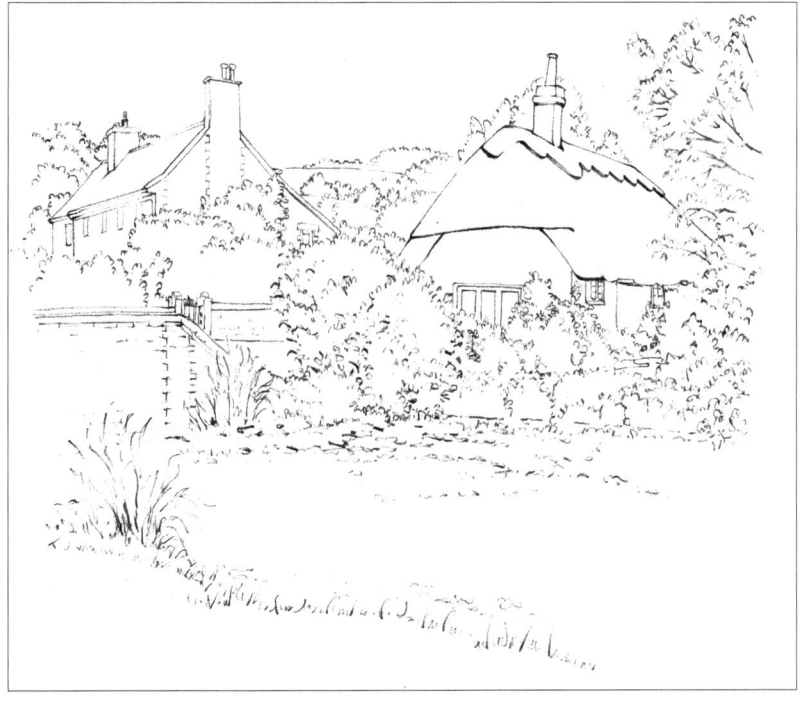

/ Las barras de grafito transforman las líneas y muestran mayor contraste de distancia y textura además de realzar la composición y unificar el dibujo en su conjunto. Dibujé los árboles directamente detrás de la casa con techo de paja, de modo que la rodeasen hasta el otro lado de la chimenea, la cual también enderecé un poco.

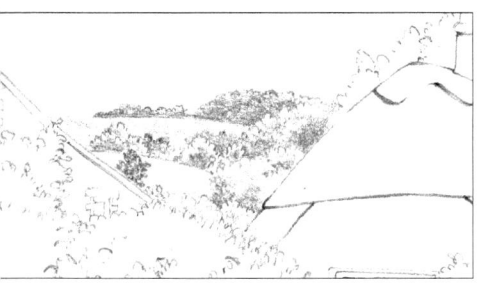

2 Utiliza las barras de grafito HB para sombrear los campos y árboles distantes situados entre los dos edificios utilizando marcas más fuertes, cortas y curvadas para los árboles y arbustos.

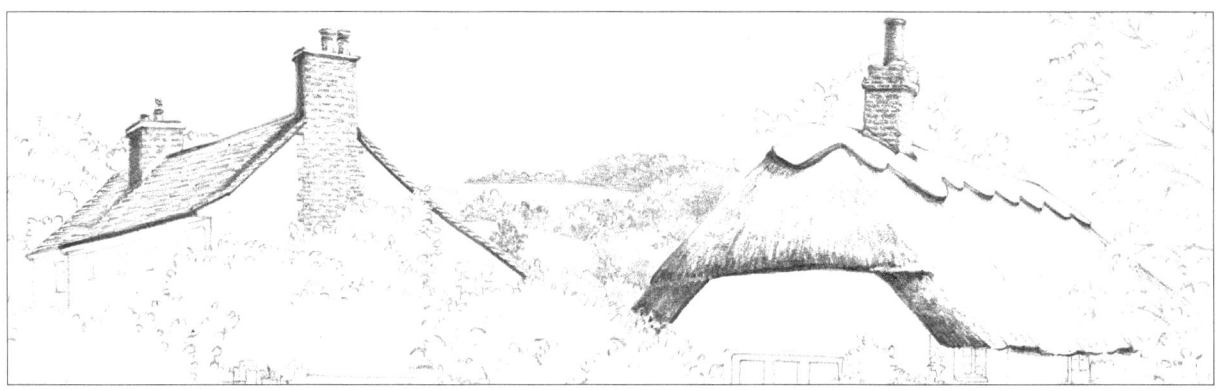

3 La luz proviene de la parte superior derecha, así que debes crear un sombreado en el lado derecho del techo de paja con líneas paralelas a la inclinación. Utiliza una barra de grafito 2B para dar mayor profundidad y textura a las sombras, sobre todo en la paja que mira hacia el estanque. Dibuja las sombras en la chimenea, los bordes y los ladrillos de la otra casa con barras 2B y 3B. La casa con el techado de tejas está más alejada, así que por lo general debería tener unos tonos más pálidos.

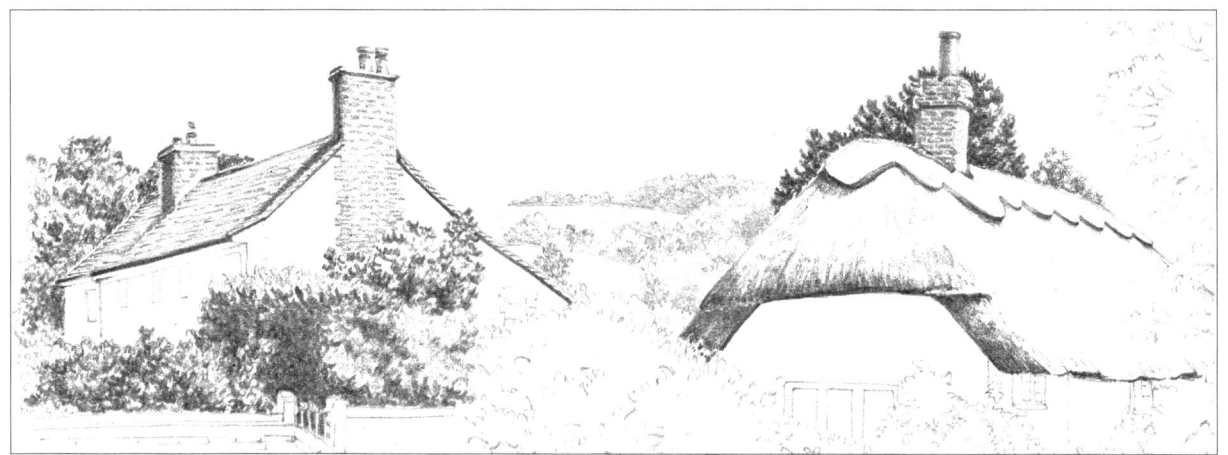

4 Con barras de 2B y 3B consigue un tono más oscuro para los árboles que están detrás de la casa de techo de paja, lo que logrará que enseguida parezca que la casa avance hacia ti. Anota que, al oscurecer el tono frente a objetos más claros conviene dejar un contorno en el que se vea el papel blanco. Puedes observar cómo se ve el contorno de la chimenea, el techo de paja y los árboles. Los arbustos y los árboles que rodean la casa en el lado izquierdo no deberían ser tan oscuros y deberían tener menor contraste tonal que los árboles y los arbustos que rodean la casa con techo de paja, ya que esta está más cerca del espectador. Deja unos huecos en los árboles por donde se pueda ver el cielo.

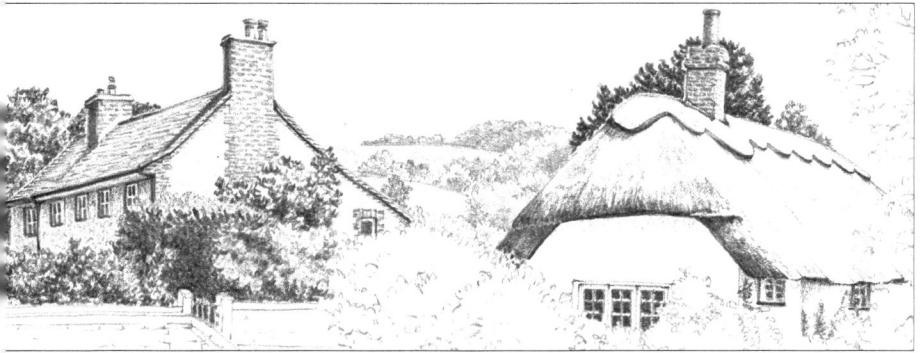

5 Utiliza una barra de grafito HB y aplica una presión muy ligera para mostrar la textura de los laterales de los ladrillos del edificio y los muros. Añade el sombreado en las ventanas, de manera vertical, con una barra 2B.

6 Plasma ligeramente la sombra en los ladrillos y la textura en el lateral del puente con una barra de grafito HB. Utiliza pequeños movimientos circulares con barras de grafito 2B y 4B en los arbustos alrededor de la casa de campo y el muro cerca del agua.

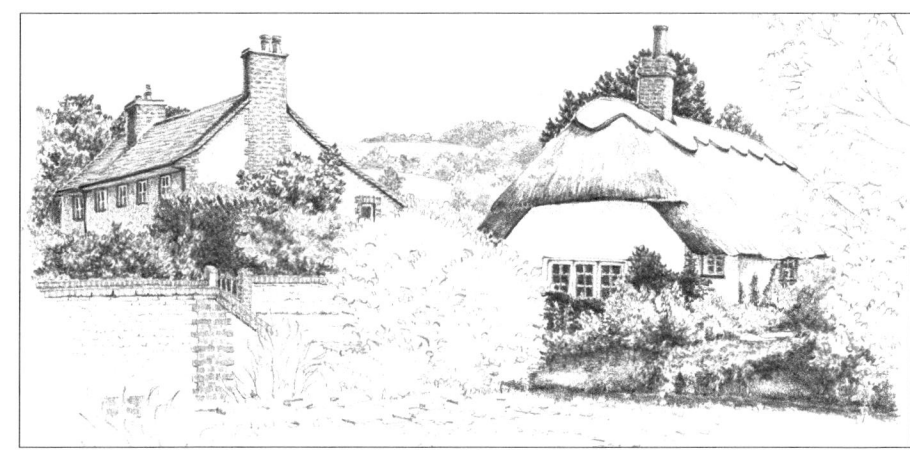

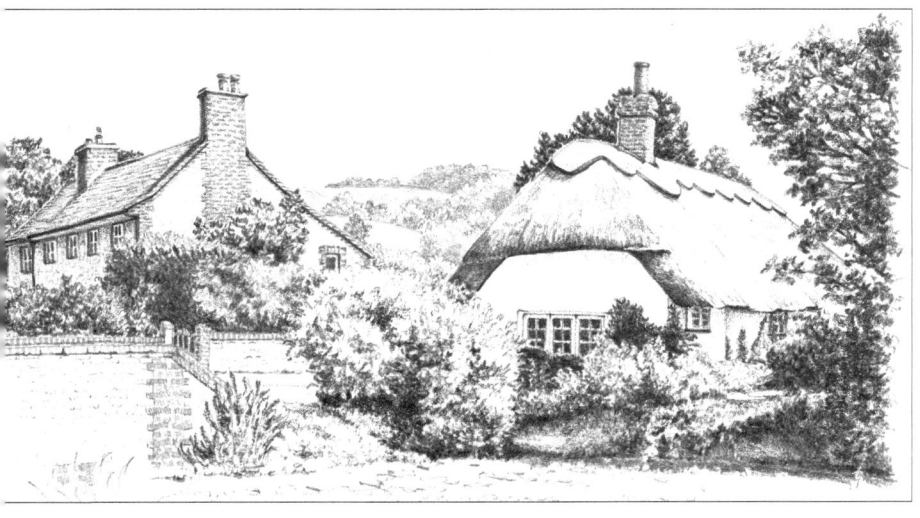

7 Los tonos oscuros de los árboles en el extremo derecho enmarcan el dibujo y logran que el ojo del espectador capte todo el paisaje. Haz trazos marcados ejerciendo distintas presiones con una barra de grafito para las ramas y el follaje. Al representar el gran arbusto redondo del centro, asegúrate de que los tonos sean más intensos para que hagan contraste con las zonas claras del follaje. Dibuja los lirios situados cerca del agua con trazos realizados con 6B, apretando el trazo más fuerte en la base y levantándolo en la parte superior.

El dibujo acabado

En la última fase tienes que trasladar los reflejos del agua con líneas verticales efectuadas con barras de grafito 2B, 4B y 6B, y debes mantener sin marcas las plantas que flotan en el estanque. Haz unas líneas horizontales debajo de las plantas que flotan con una barra 2B. Da tonalidad a la hierba con barras de grafito 6B hasta lograr un tono más intenso que el de las fotografías, aportando un poco de inclinación hacia la casa con techo de paja, ya que así, el dibujo quedará enmarcado en la parte inferior. Enfatiza los lirios en este lado del estanque con una barra de grafito 8B y también refuerza el borde de la hierba. No se pretende que los dos rectángulos más oscuros por donde fluye el agua debajo del puente sean los que dominen ese lado del dibujo, ya que entonces se desviaría la atención del tema principal. Para ello, vas a aportar mayor presencia a las hojas oscuras de los lirios.

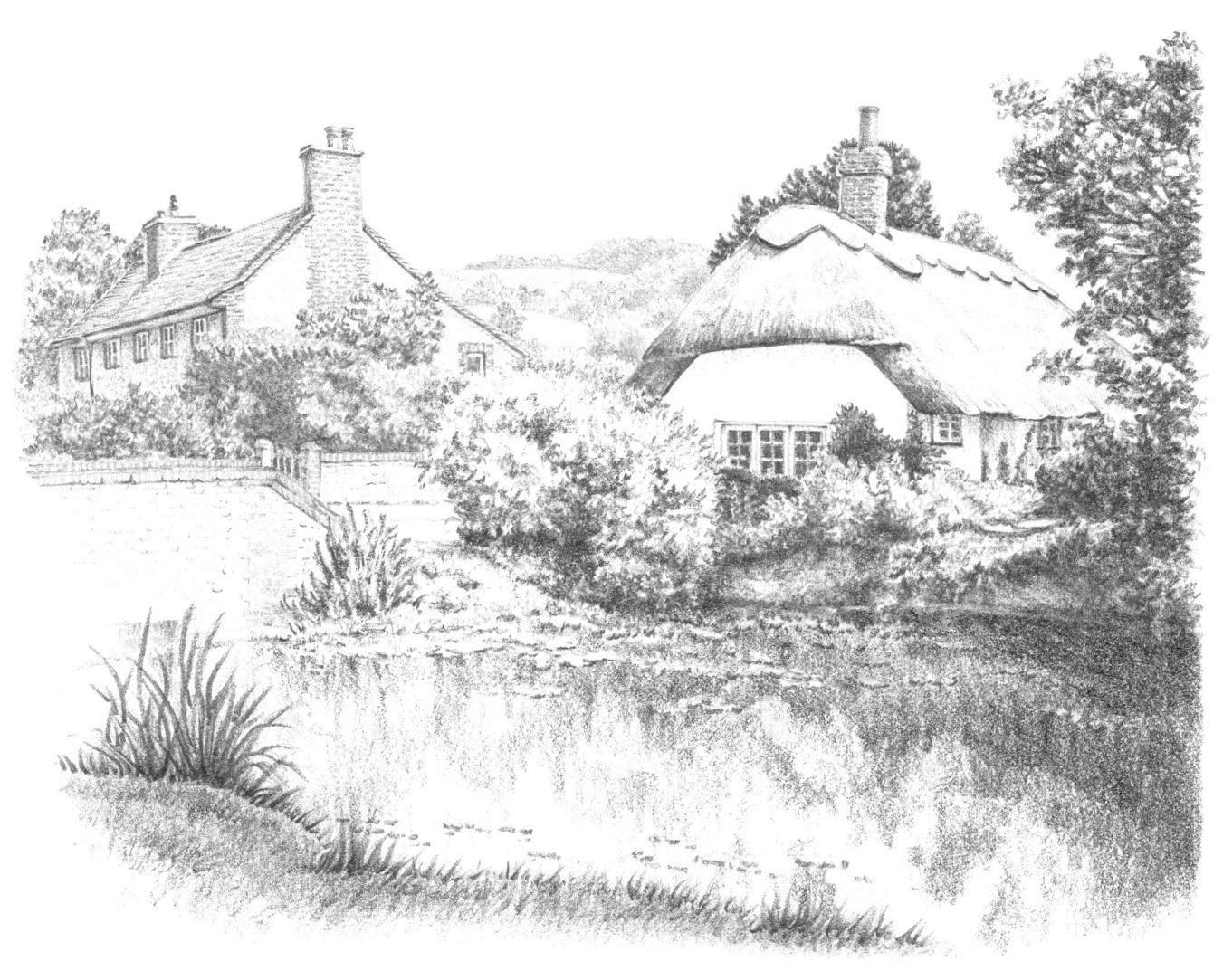

Perspectiva

La perspectiva es el término utilizado para dar profundidad a un dibujo de dos dimensiones y de esta manera, crear la ilusión óptica de una imagen tridimensional.

PERSPECTIVA AÉREA

La perspectiva aérea o atmosférica en un paisaje sencillamente supone conseguir que parezca que los objetos se van desvaneciendo a medida que se alejan.

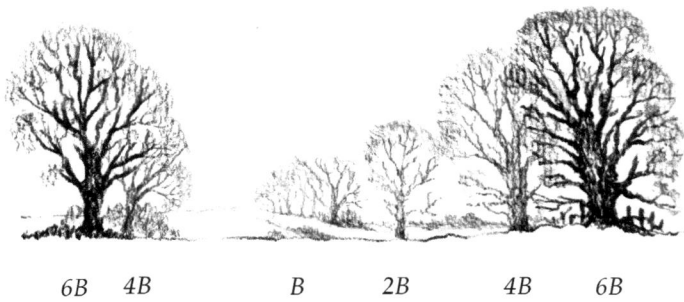

6B 4B   B   2B   4B   6B

Estos robles han sido dibujados con distintos grados de lápiz de grafito para dar la sensación de que desaparecen en la distancia. Progresivamente parecen más pequeños a medida que se alejan, en una perspectiva lineal. Así se consigue profundidad y recesión en un dibujo paisajístico.

Floresta

Lápiz en tono gris y negro y lápiz de grafito 6B sobre papel para acuarela de 300 g (140 lb). El papel para acuarela aporta mayor textura al dibujo, de modo que los árboles situados a cada lado parecen estar más cerca del espectador. El lápiz de grafito se utilizó al final para conseguir unas marcas más detalladas.

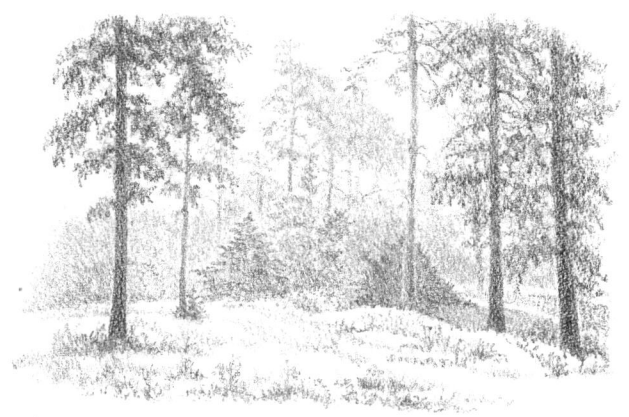

Tarde en el lago Ness, Escocia

Lápiz de acuarela gris y negro y lápiz de grafito 6B sobre papel para acuarela prensado en caliente de 300 g/m² (140 lb). Los costados del lago y sus reflejos se dibujaron con lápices de acuarela y después se humedecieron para que pareciesen más oscuros. Las colinas distantes se pintaron ligeramente con lápiz de grafito 6B de modo que tuviesen un aspecto más pálido a medida que desaparecían en la niebla de la esquina. El aire estaba estático, y ofrecía una imagen prácticamente perfecta, reflejada en un espejo, que solo resulta un poco más clara que los árboles y la tierra en las orillas del lago.

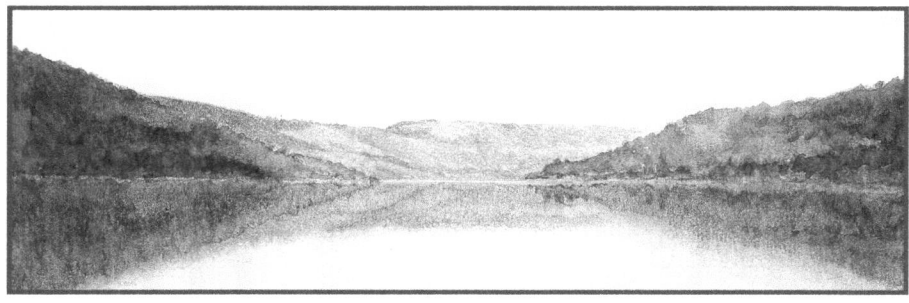

PERSPECTIVA LINEAL

Las reglas de la perspectiva lineal pueden ser confusas. Muy pocos edificios están totalmente rectos, con todas las paredes en ángulo recto en relación con el suelo y el techo. Parte del encanto de las viviendas rurales es precisamente su irregularidad. Mucho se ha escrito sobre la perspectiva y su dificultad para dibujarla, sobre todo en lo concerniente a edificios. Los diagramas con líneas hechas con regla que atraviesan los dibujos y llevan a un punto de fuga lateral solo son aplicables si la imagen que hay que dibujar es perfectamente recta, con ángulos perpendiculares y todos los edificios perfectamente en línea recta en una calle también impecablemente recta. Las casas de campo dentro de un paisaje difieren mucho de este ideal y sus tejados con inclinaciones y distintos tipos de ampliaciones y ventanas son precisamente parte de su atractivo.

Cuando tengas que dibujar una escena, en primer lugar tendrás que determinar dónde estará el nivel de los ojos, es decir cuál será tu altura respecto al edificio, si es que este está todo a un mismo nivel. En los edificios, sea cual sea su época, los lados quedarán más o menos en paralelo a los lados del papel.

Si la casa de campo está situada completamente en diagonal hacia ti , entonces todas las líneas convergerán en un punto de fuga, pero a veces se requiere una minuciosa observación para verificarlo en vez de trazar directamente líneas rectas en el dibujo.

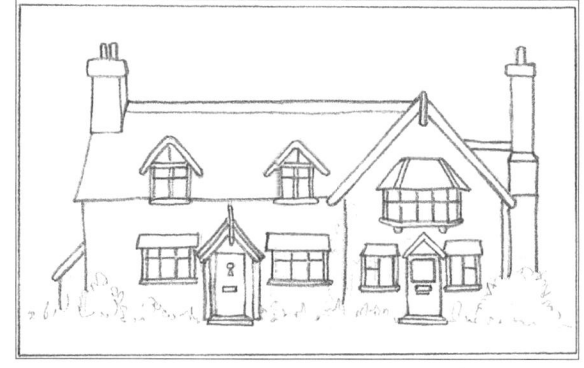

Esta casa rural estaba justo de frente y, puesto que yo quedaba un poco más elevada, mis ojos se encontraban al nivel de la parte baja del tejado. Hay muchas líneas en el tejado, las ventanas, las puertas y el suelo que son paralelas, o prácticamente paralelas a la parte superior e inferior de mi papel de dibujo. Dibujé en primer lugar las líneas horizontales en relación entre sí y después las líneas verticales paralelas a ambos lados del papel. A continuación situé las líneas diagonales, con cuidado de trasladar sus ángulos exactos y la simetría de los gabletes y las ventanas. Hay una ventana en voladizo bajo el tejado a dos aguas, que se proyecta sobresaliendo de la fachada, de modo que los ángulos del alféizar sobresalen ligeramente hacia arriba en cada lado y las líneas del tejado que tiene encima quedan inclinadas hacia abajo en los laterales.

Goldhill, Shaftesbury

El nivel de mis ojos quedaba por encima de los tejados de la mayoría de estas casas rurales, justo por encima de las chimeneas de la izquierda y las líneas de tejas de los tejados muestran perfectamente cómo cada casa se encuentra en un ángulo diferente con respecto al espectador. Aunque se trata de una perspectiva complicada, ya que la calle es muy empinada, todos los laterales de los edificios están en paralelo con los del papel. Este dibujo podría plasmarse sobre el papel gracias a una detenida observación de los ángulos verticales y la relación entre ellos.

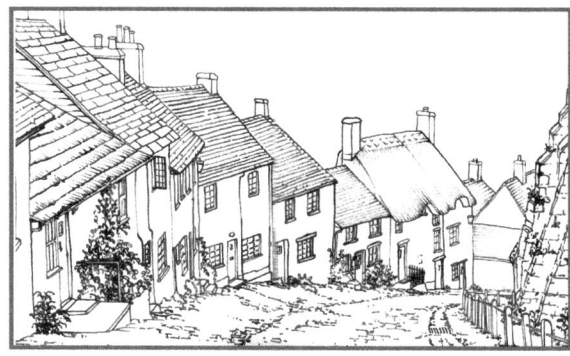

Campo arado

Pluma y tinta acrílica sobre papel para acuarela prensando en caliente de 300 g (140 lb) Los surcos del campo, sobre todo los dos más oscuros, no son completamente rectos, pero aun así se puede ver cómo convergen en un punto por encima de las casas de campo, detrás de los árboles, captando así la atención del espectador. Los árboles están, en su mayoría, casi en paralelo con los laterales del dibujo y forman ángulos rectos con la linde del campo, de modo que parecen verticales y aportan sensación de profundidad y distanciamiento.

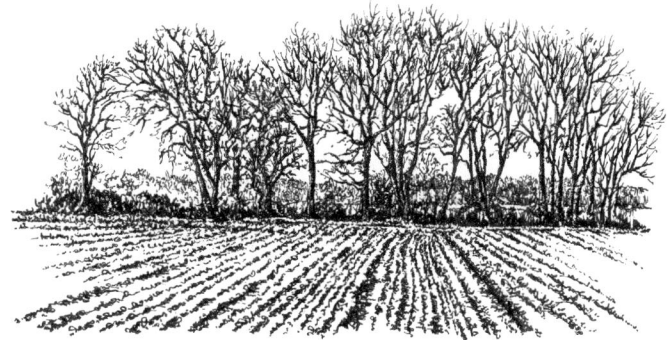

Árboles y frondosidad

Siempre he encontrado inspiración en los árboles. Sus formas y tonos son tan interesantes y variados que no dejan lugar al aburrimiento. En cuanto tengo un poco de tiempo libre, tomo mi bloc de dibujo y hago unos bocetos rápidos de los árboles que me llaman la atención.

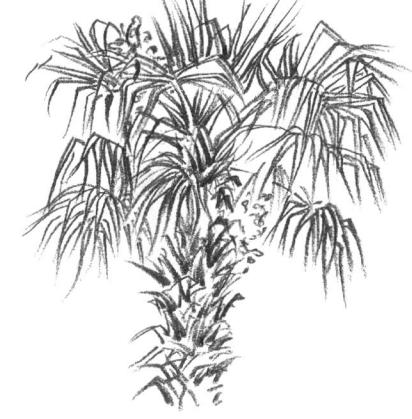

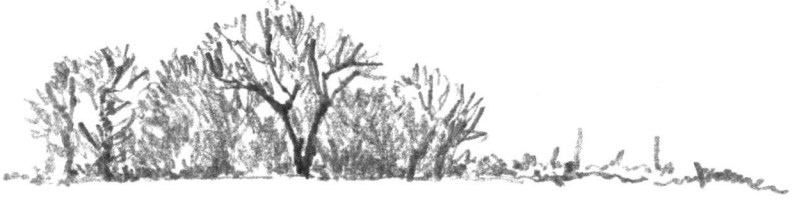

Oeste de Sussex, Inglaterra. Lápiz 4B sobre papel de dibujo.

Palmera de dátiles mediterránea. Lápiz 4B sobre papel de dibujo

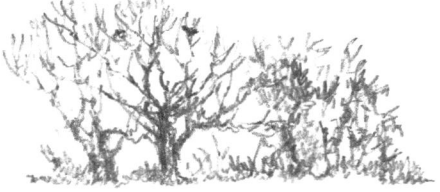

Pájaros negros en los arbustos. Lápiz 4B sobre papel de dibujo.

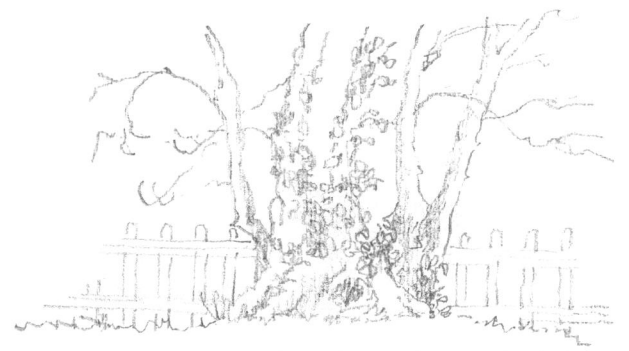

Próximo a la valla del canal. Lápiz 4B sobre papel Fabriano Classico en tono crema.

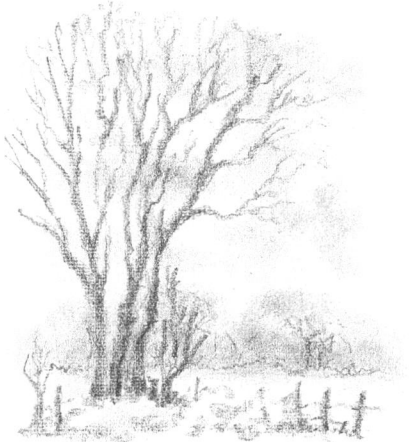

Lápiz carboncillo sobre papel Fabriano.

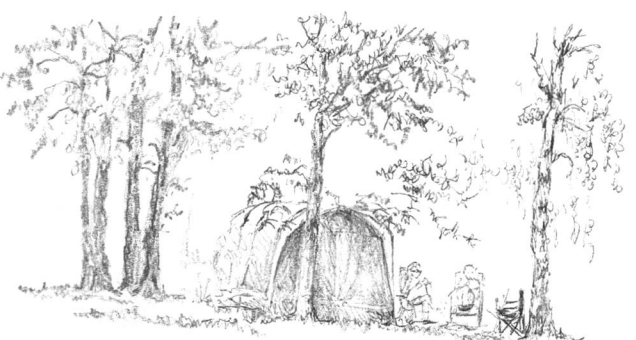

Cámping en Sandringham, Norfolk, Inglaterra. Tinta y lápiz sobre papel de dibujo. Esbeltos abedules plateados en junio con hojas nuevas.

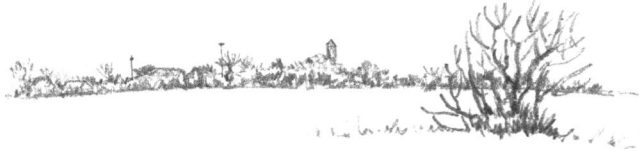

Sussex, cerca de la costa. Lápiz 4B sobre papel de dibujo.

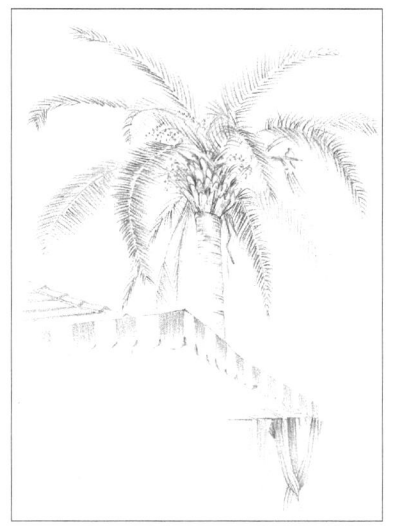

Dos dibujos de palmeras en la playa de Los Cristianos, en Tenerife. Lápiz de acuarela usado en seco sobre papel de dibujo.

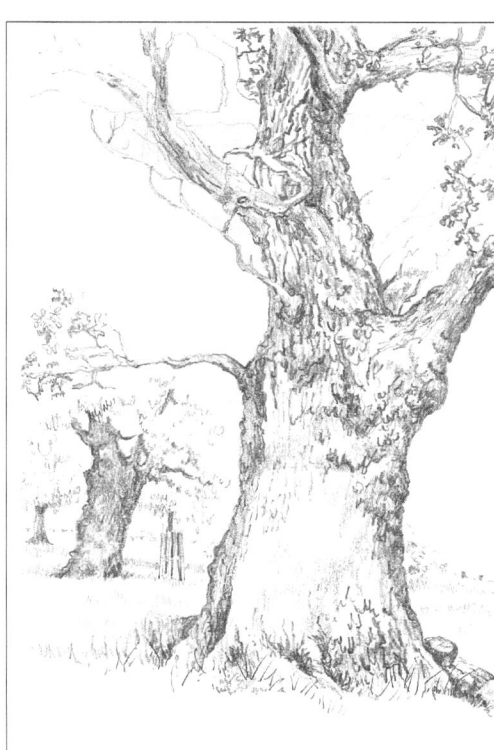

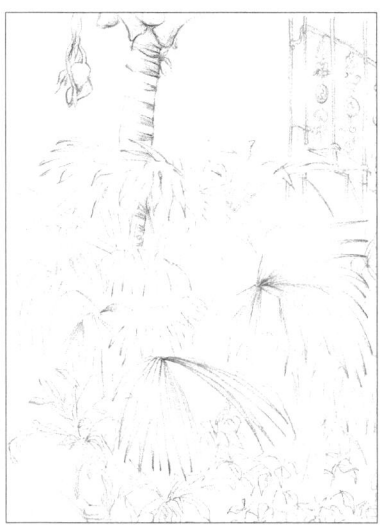

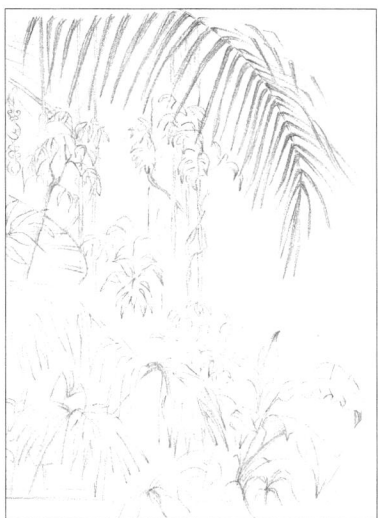

Lápiz de grafito 6B sobre papel de dibujo. Me gustó la textura de los troncos de estos viejos robles del parque Richmond. La fuerte tonalidad de los troncos contrasta con las hojas —mucho más claras—, y la hierba. Cada árbol tiene su propia personalidad, igual que ocurre con las personas.

Árboles exóticos de América dibujados en el invernadero de los jardines de Kew, cerca de Londres. Lápiz 4B sobre papel de dibujo. La presión del lápiz en el papel se varió para conseguir líneas más fuertes y oscuras en la base y en puntas de las hojas y marcas más claras en el centro.

Paisaje nevado

La mañana después de una noche de nieve caminé por este sendero bajo el sol invernal para hacer fotografías de las casas y los árboles. Empleé una pluma, con una mezcla de tinta acrílica y tinta soluble en agua sobre un papel de dibujo de 28 x 19 cm (11 x 7 ½"). Cuando el dibujo estuvo seco, utilicé agua limpia para humedecer la zona del cielo, las sombras de los arbustos y también el camino, de manera que la tinta soluble en agua se corrió y se extendió por el dibujo. Añadí un poco de gouache blanco para la nieve que quedaba sobre las ramas pero también se podría haber hecho con líquido corrector blanco. Tuve cuidado de no tocar el papel y de que el blanco representase la nieve del suelo y los tejados.

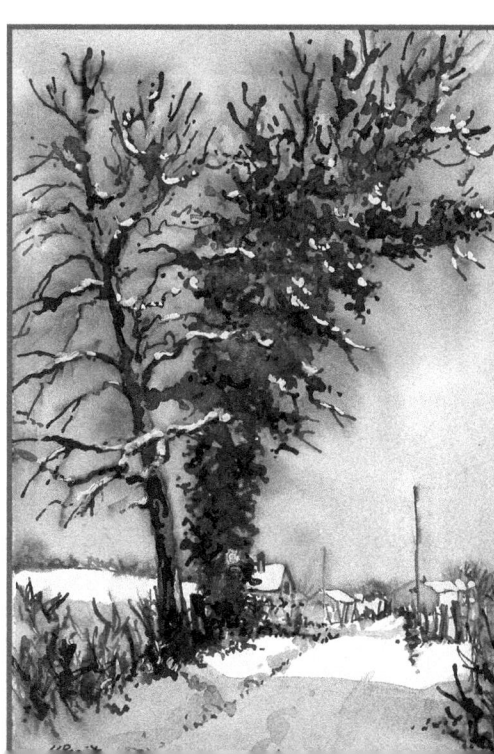

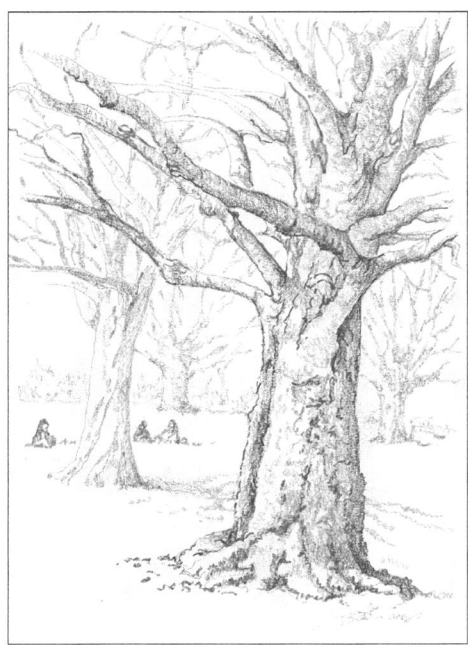

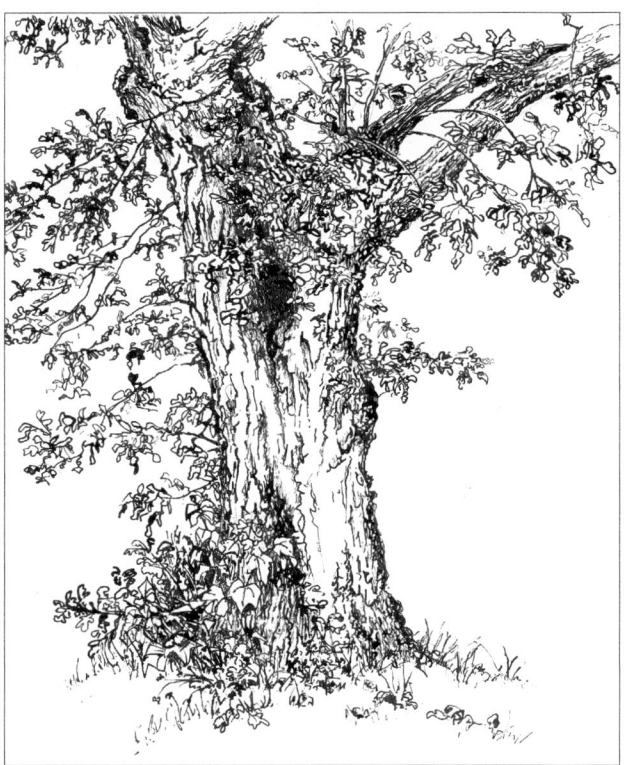

Tracé rápidamente estas hayas en el parque Cheam, cerca de donde vivo, en Surrey. No es habitual, pero aquel día hacía bastante calor para ser marzo y estaba encantada de poderme sentar al aire libre para dibujar los troncos y las ramas sin hojas. Los árboles más lejanos los dibujé con lápiz de grafito 2B y los más cercanos con 6B y 8B. Lo hice sobre papel de dibujo de tamaño A4.

Roble

Tinta acrílica con pluma sobre papel para acuarela de 30,5 x 38 cm (12 x 15"). Me encantó la forma del tronco y las ramas, la textura de la corteza, la variedad de tonos y las formas complementarias de las hojas.

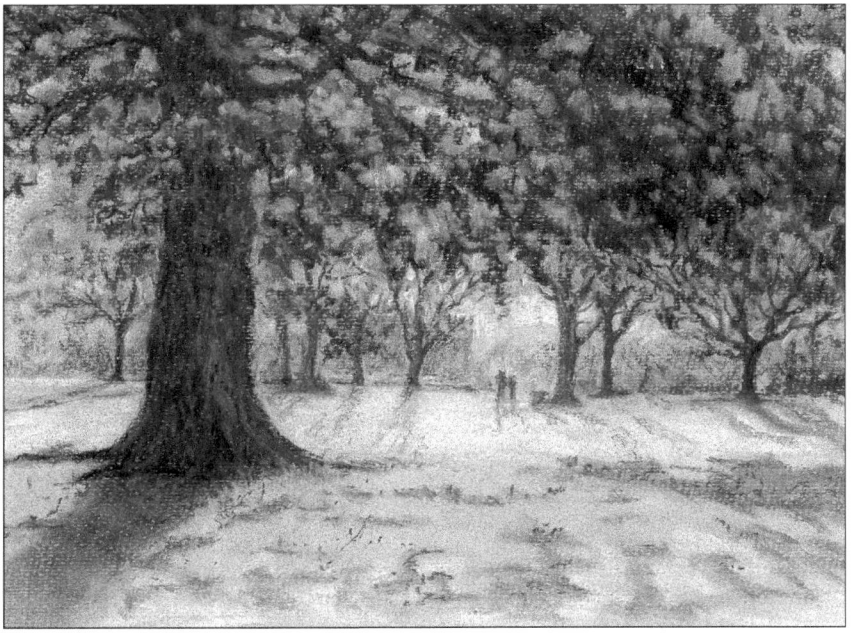

Luz de primera hora de la mañana

Lápices Conté (negro, sepia, gris y blanco) sobre papel para pastel de color neutro de 30 x 21 cm (11 ¾ x 8 ¼"). Estaba paseando con mi perra cuando me topé con este bello paisaje en el parque Nonsuch, donde se construyó el palacio Nonsuch de Enrique VIII hace más de quinientos años. Utilicé un lápiz B para situar los árboles, las personas y el edificio y después empecé a dibujar con lápiz negro Conté. Utilicé el color blanco para el cielo tras las figuras y el edificio y el gris para las formas más claras, teniendo siempre en cuenta las formas negativas entre las hojas y las ramas.

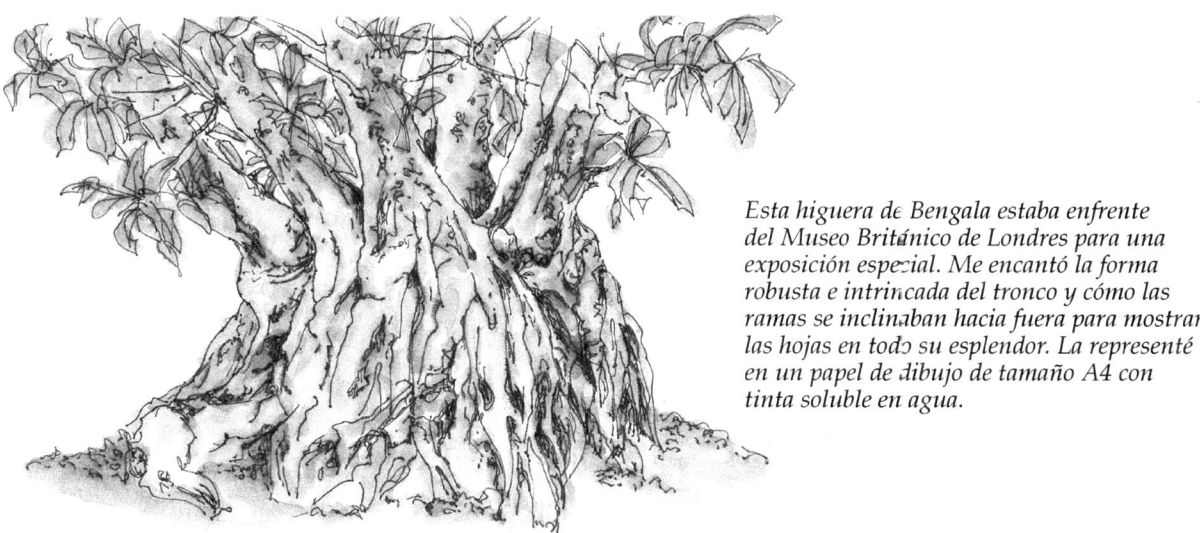

Esta higuera de Bengala estaba enfrente del Museo Británico de Londres para una exposición especial. Me encantó la forma robusta e intrincada del tronco y cómo las ramas se inclinaban hacia fuera para mostrar las hojas en todo su esplendor. La representé en un papel de dibujo de tamaño A4 con tinta soluble en agua.

ÁRBOLES DE HOJA CADUCA EN INVIERNO Y EN VERANO

A continuación hay ejemplos dibujados con lápiz grafito 6B.

Árbol en invierno

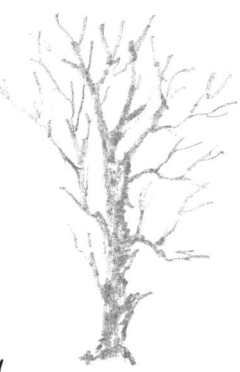

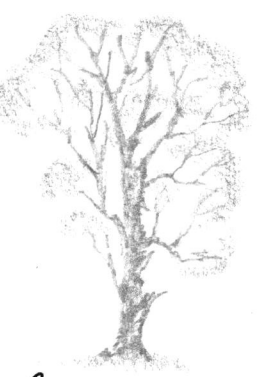

1 Al dibujar los árboles en invierno empiezo por el tronco, desde abajo, y trabajo subiendo hasta llegar a las ramas más grandes con un lápiz 6B, realizando pequeñas modificaciones con trazos cortos.

2 Con el lápiz 6B en su lateral y sin apretar, dibujo el follaje y las ramitas más pequeñas en torno al borde para dar forma al árbol, recordando incluir unas hojas también en el centro y en las ramas inclinadas.

Árbol en verano

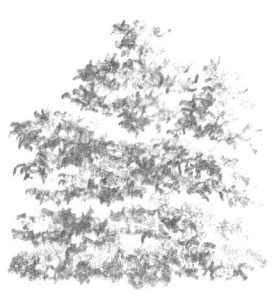

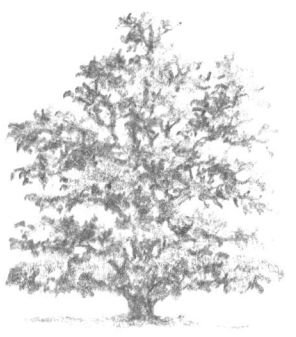

1 Cuando un árbol es más frondoso dibujo primero las hojas. Me resulta útil agruparlas en vez de dibujarlas individualmente. Aquí hice tres grupos: superior, central e inferior. Utilicé un lápiz 6B apoyado en su lateral para dibujar el follaje con la luz proveniente de la derecha, después efectué marcas más fuertes para los tonos más oscuros en las sombras que quedaban en la parte izquierda y también en la parte inferior.

2 A continuación, añadí el tronco y las ramas, rellenando los espacios, y por último proyecté con cuidado la sombra sobre la hierba.

EJERCICIO CON UN ABETO

Este ejercicio lo realicé con rotulador técnico de tinta soluble en agua sobre papel para acuarela prensado en caliente de 300 g/m² (140 lb).

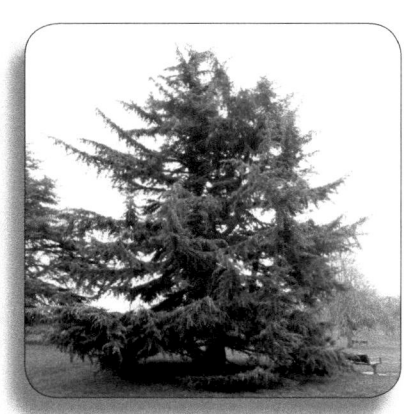

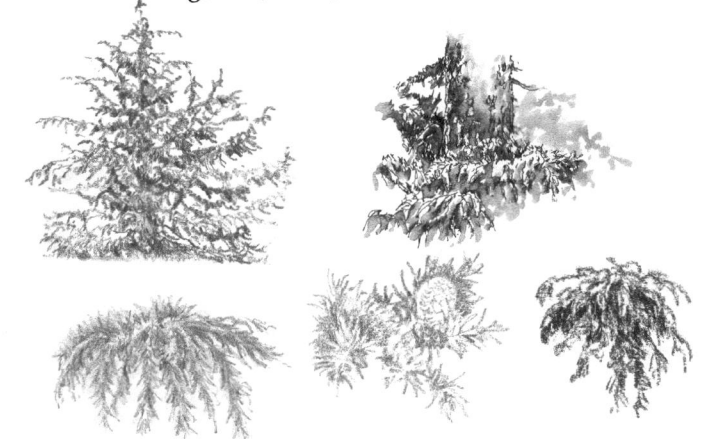

Este impactante abeto está precioso durante todo el año.

Hilera superior: dibujé el árbol con lápiz 3B, empezando por la parte de arriba, utilicé pequeños trazos al azar en los lados derechos y e izquierdo y después fui bajando por el tronco hasta llegar a la hierba del terreno. A continuación, utilicé un rotulador técnico soluble en agua para estudiar el detalle de las ramas y de las hojas de aguja. Para la hilera inferior empleé el lápiz 3B con el fin de explorar el modo en que las hojas colgaban de una pequeña rama, después me serví de una barra de grafito 5B para dibujar un cono cilíndrico sobre una rama y, por último, esbocé algunas hojas con lápiz Conté.

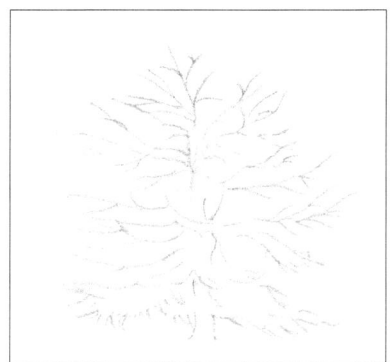

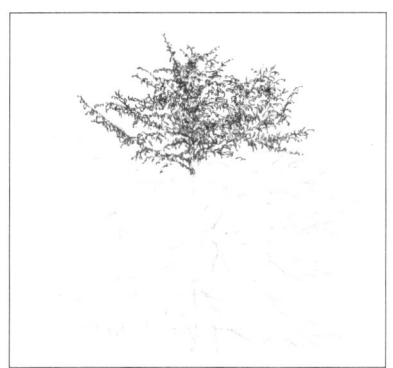

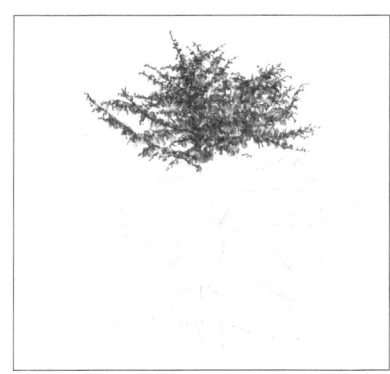

1 Traza el contorno con un lápiz 3B para delinear las ramas con formas libres y curvadas.

2 La mayoría de los árboles pueden dividirse en tres secciones de follaje: superior, central e inferior. Dibuja con trazos cortos, puntos y rayitas la sección superior del árbol con un rotulador fino soluble en agua y observando principalmente la fotografía o la referencia y mirando solo al papel de vez en cuando. Asegúrate de que las hojas salgan de las ramitas de las ramas principales, formando distintos ángulos.

3 Con un rotulador soluble en agua de grosor medio humedece algunas de las marcas de tinta con pequeños toques, puntos y rayas para expandir la tinta y conseguir una sensación de frondosidad. Ten cuidado con no excederte en esta fase ya que no lo podrás corregir. Hay una amplia gama de rotuladores de tinta, así que, si el que tienes resulta demasiado oscuro o grueso, con un pañuelo de papel da rápidamente unos toquecitos sobre la tinta húmeda antes de que se seque.

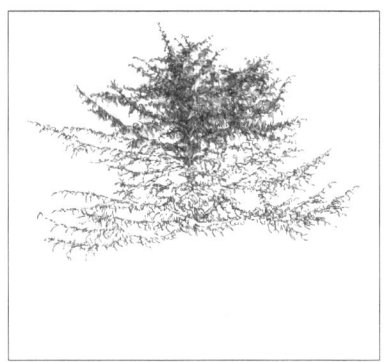 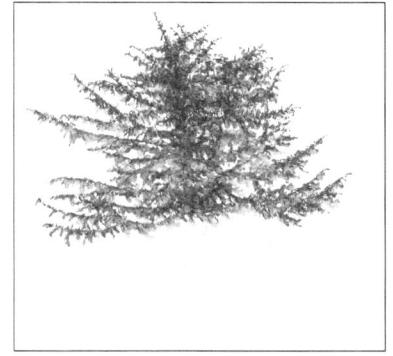 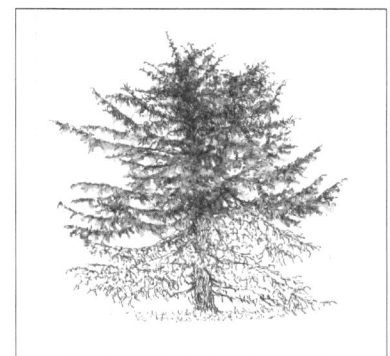

4 Sigue utilizando el rotulador para representar las hojas con forma de aguja, manteniendo la forma de las ramas según lo fijado en el esbozo inicial. Observa con cuidado la fotografía de referencia para conseguir un efecto natural.

5 En la sección central hay más ramas que captan la luz así que utiliza el rotulador soluble en agua, primero con trazos cortos y rápidos, dando toquecitos sobre cada rama antes de que se seque. Deja que algunas marcas se sequen para que queden más definidas y aporten más contraste. Haz lo mismo con las ramas más oscuras y déjalas secarse de manera natural. Asegúrate de que las formas negativas entre las ramas y las hojas varían de tamaño y forma.

6 Prosigue con las ramas inferiores y el tronco sin apretar, con trazos cortos y largos, empleando más trazos en la parte más oscura —donde puede verse el tronco y donde las ramas quedan a la sombra—. Indica dónde se proyecta la sombra en la hierba bajo el árbol.

El dibujo acabado

En la fase final, toma un rotulador soluble en agua y, dejando finas zonas de papel sin tocar —en color blanco, que representará las hojas más claras—, humedece el resto de las ramas claras con trazos rápidos y cortos y dales unos toquecitos suaves con un pañuelo. Después humedece las partes más oscuras del tronco y las ramas, dejando que se sequen de forma natural. Aprieta con cuidado el rotulador de tinta soluble para que salga más agua, que expandirá la sombra del árbol sobre la hierba. Posiciónate un poco alejado del dibujo para observar si este tiene buen aspecto y si necesitas dar algún toque más de tinta en alguna zona. Asimismo, si se ha perdido el reflejo de las hojas a las que da el sol, puedes utilizar una cuchilla afilada para arañar ligeramente el papel y conseguir luminosidad.

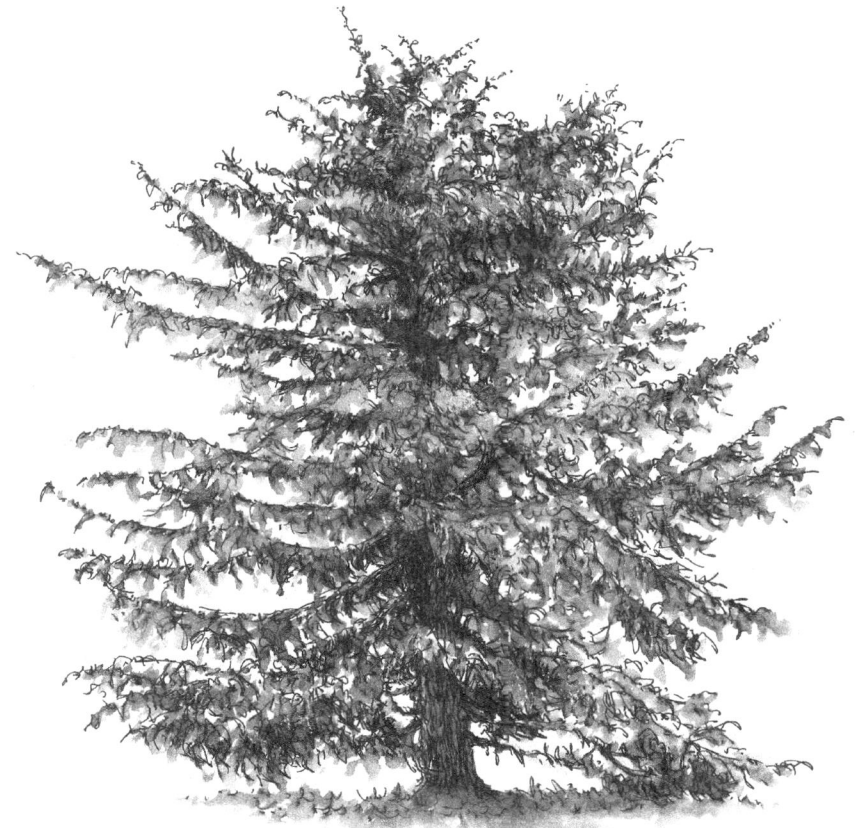

Colinas y montañas

Algunos de los dibujos más impactantes e interesantes incluyen colinas o montañas. Dibujar las colinas o las montañas más distantes de un color más claro —utilizando la perspectiva aérea— nos concederá un aire de recesión y emplear tonos más oscuros en el primer plano o en el centro de atención, hará que se provoque un mayor contraste, cosa que puede emplearse para dirigir la mirada del observador en la composición.

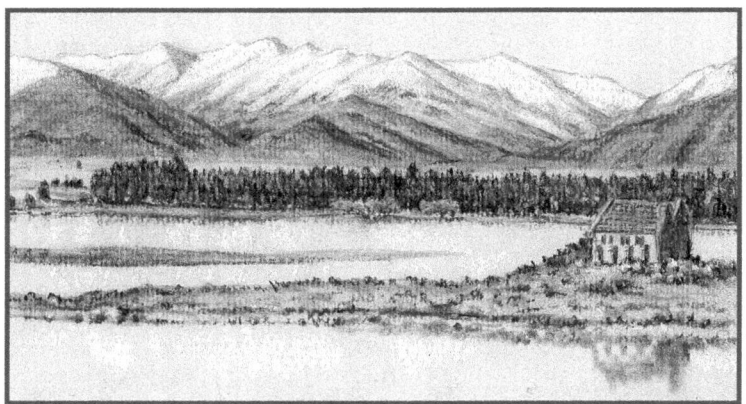

Nieve en los Alpes del sur, Nueva Zelanda

Colores pastel en tarro, lápices pastel gris y negro y tiza blanca, 17,7 x 10 cm (7 x 4″) sobre papel tintado de 200 g/m² (120 lb). No está realizado sobre un papel para acuarelas.

Grasmere, Cumbria, Inglaterra

Lápices de carboncillo intermedios y claros, 14 x 7,5 cm (5 ½ x 3″) sobre papel prensado en caliente para acuarelas de 300 g/m² (140 lb).

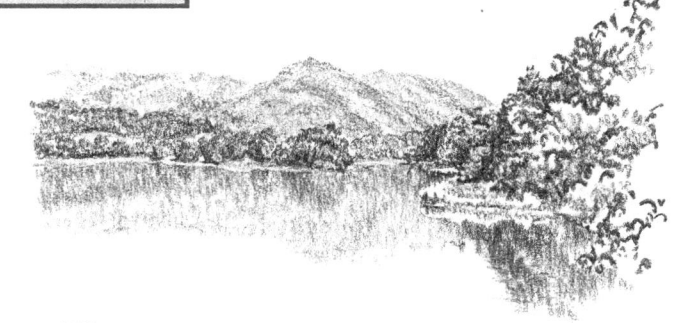

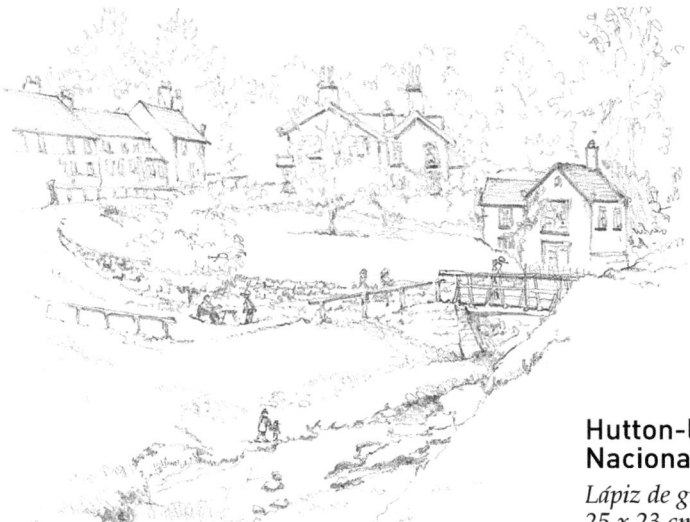

Hutton-le-Hole, páramos del Parque Nacional del norte de York, Inglaterra

Lápiz de grafito 2B y 6B sobre papel de medidas 25 x 23 cm (10 x 9″) de 300 g/m² (140 lb). No está realizado sobre un papel para acuarelas.

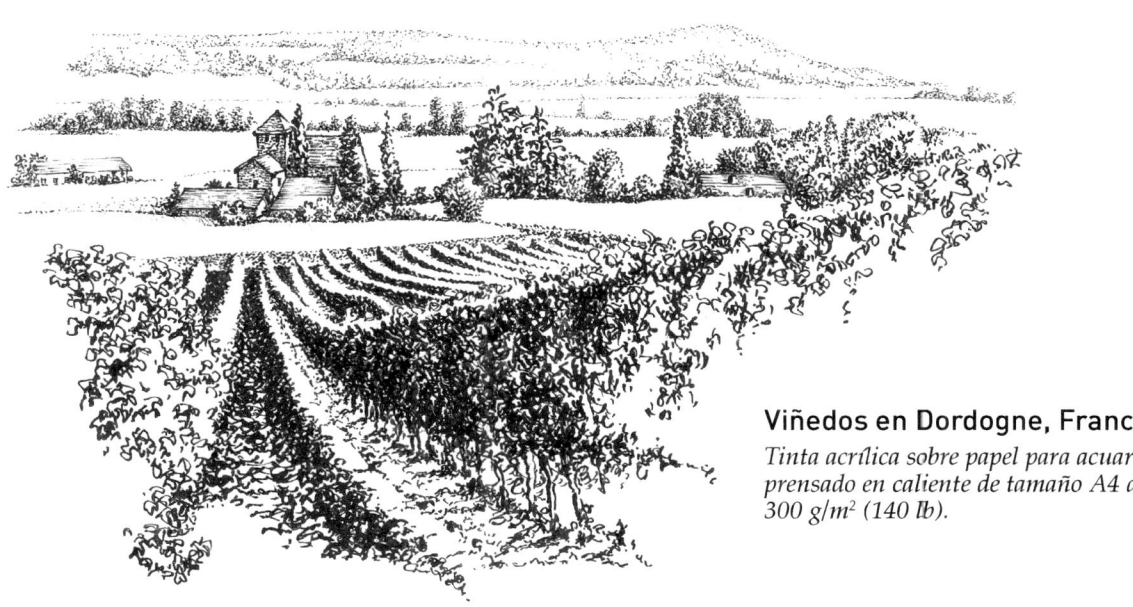

Viñedos en Dordogne, Francia

Tinta acrílica sobre papel para acuarela prensado en caliente de tamaño A4 de 300 g/m² (140 lb).

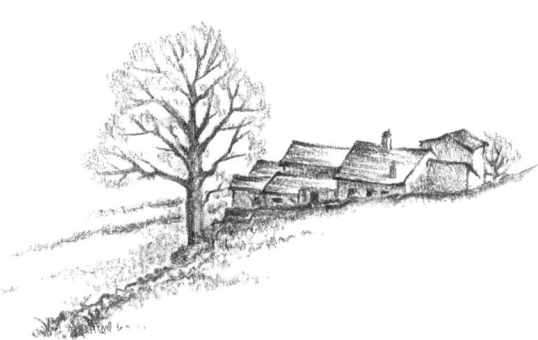

Wharfdale, valle en Yorkshire, norte de Inglaterra

Lápiz de carboncillo de tono intermedio sobre papel para acuarela prensado en caliente de dimensiones 12,7 x 7,5 cm (5 x 3″) y 300 g/m² (140 lb).

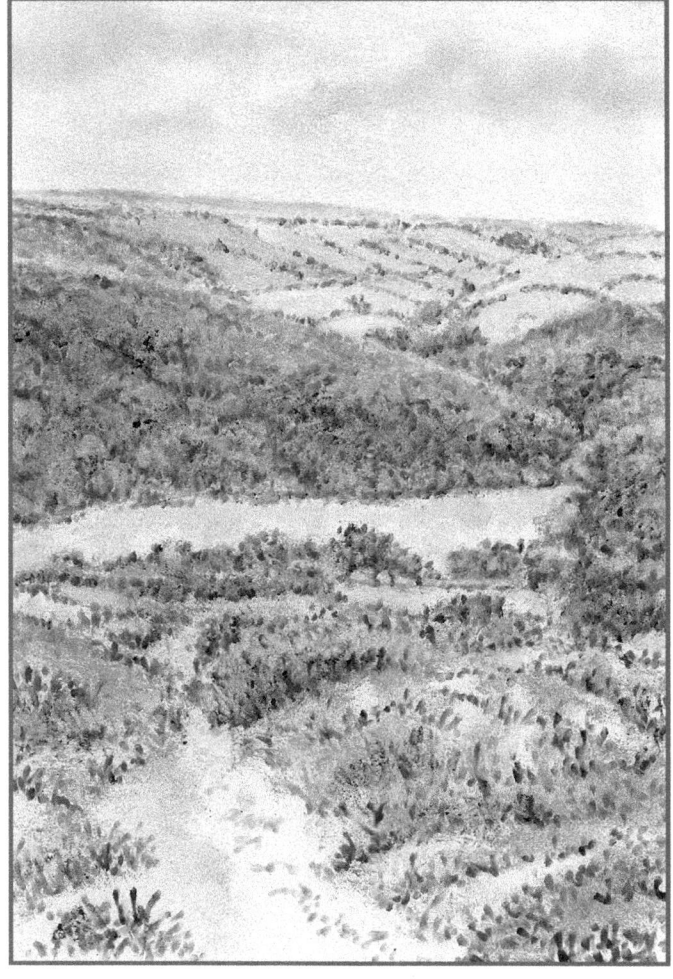

Exmoor, Devon, Inglaterra

Pasteles suaves, 21,5 x 30,5 cm (8 ½ x 12″) sobre papel de lija fino para pastel en color crema.

VISTA LEJANA DE LA MONTAÑA

Mientras viajaba por carretera desde Ballater a Braemar, en Escocia, me di cuenta de que las montañas de Cairngorm se erguían majestuosas detrás de una línea de frondosos árboles verdes. Los árboles de las orillas del río Dee también ejercían un gran contraste con los abetos. Además, se podía ver todavía un poco de nieve en las fisuras más altas de las rocas.

MATERIAL

Papel para acuarela prensado en caliente de 300 g/m² (140 lb)

Carboncillo de saúco

Lápices de carboncillo claros, intermedios y oscuros

Sacapuntas o cuchilla para afilar

Goma de borrar

Bastoncillo de algodón o difumino

Una esponja pequeña

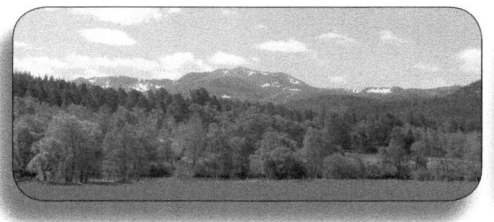
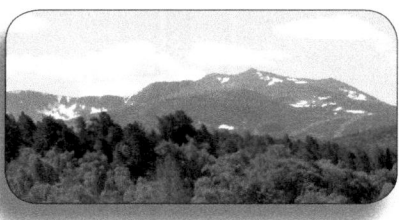

Las fotografías de referencia

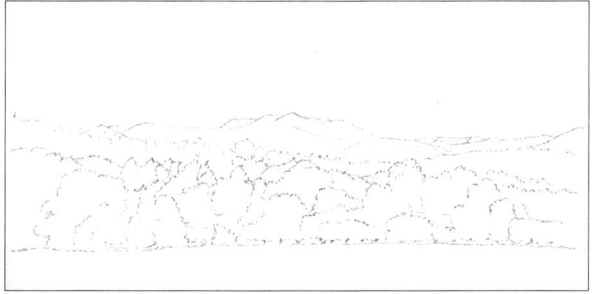

1 Dibuja el contorno con un lápiz claro de carboncillo

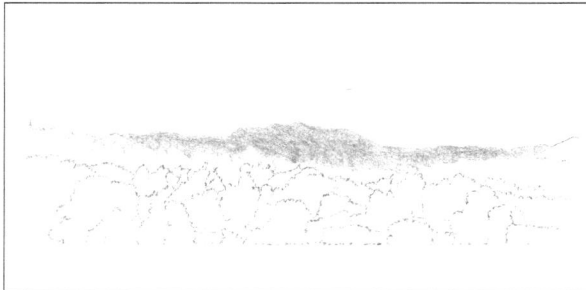

2 Con un trocito de carboncillo de saúco sosteniéndolo de lado, da el tono a toda la montaña de manera uniforme, fundiéndolo con el papel con la ayuda de un bastoncillo de algodón o un difumino y con pequeños movimientos circulares, manteniendo siempre el tono dentro del contorno. Recuerda que el carboncillo de saúco es fácil de borrar si se comete algún error.

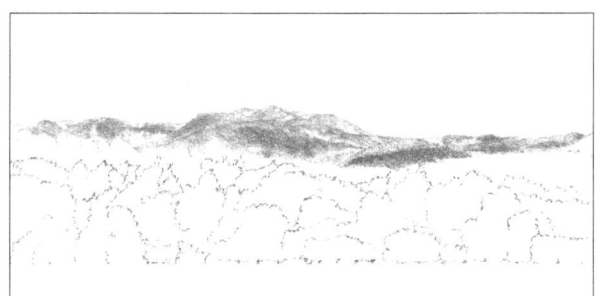

3 A continuación, pinta los tonos más oscuros de la montaña con carboncillo de saúco y mezcla las zonas con cuidado. Con una goma con punta, quita el carboncillo de aquellas zonas que representen la nieve de las montañas.

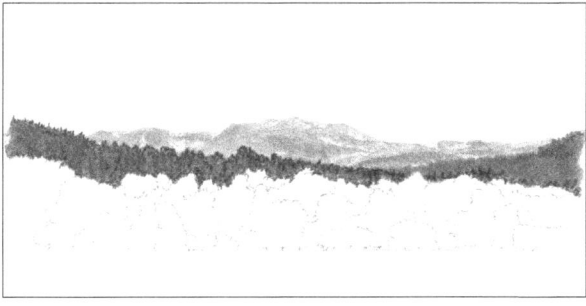

4 Con el carboncillo de saúco y aplicando toques verticales, da tono a toda la zona de los árboles, y fundiéndolos bien con el papel. Luego, con un lápiz de carboncillo oscuro y afilado dibuja la parte superior de los árboles y las sombras que se proyectan en los laterales. Mantén las colinas de la derecha en tonos más claros.

5 Con carboncillo de saúco sombrea ligeramente y fusiona en los tonos medios de los árboles de hoja caduca situados a orillas del río, y mantén sin sombreado la parte superior de la copa de los árboles, allí donde les toca la luz. Acto seguido, con un lápiz de carboncillo de tono medio, afilado, dibuja la tonalidad de los troncos de los árboles y el follaje de cada árbol, haciendo que se difuminen ligeramente. Para ello yo utilicé el dedo.

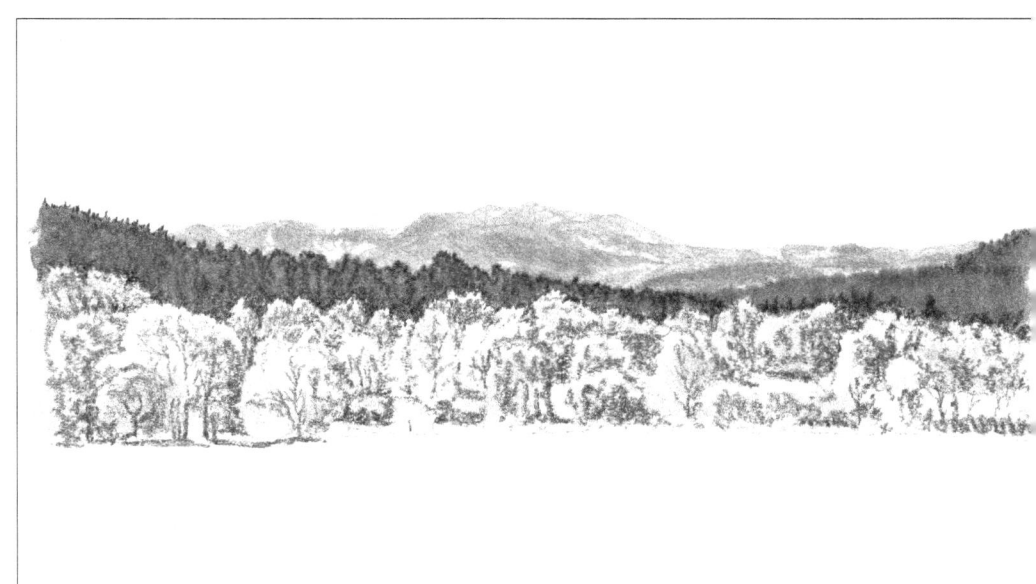

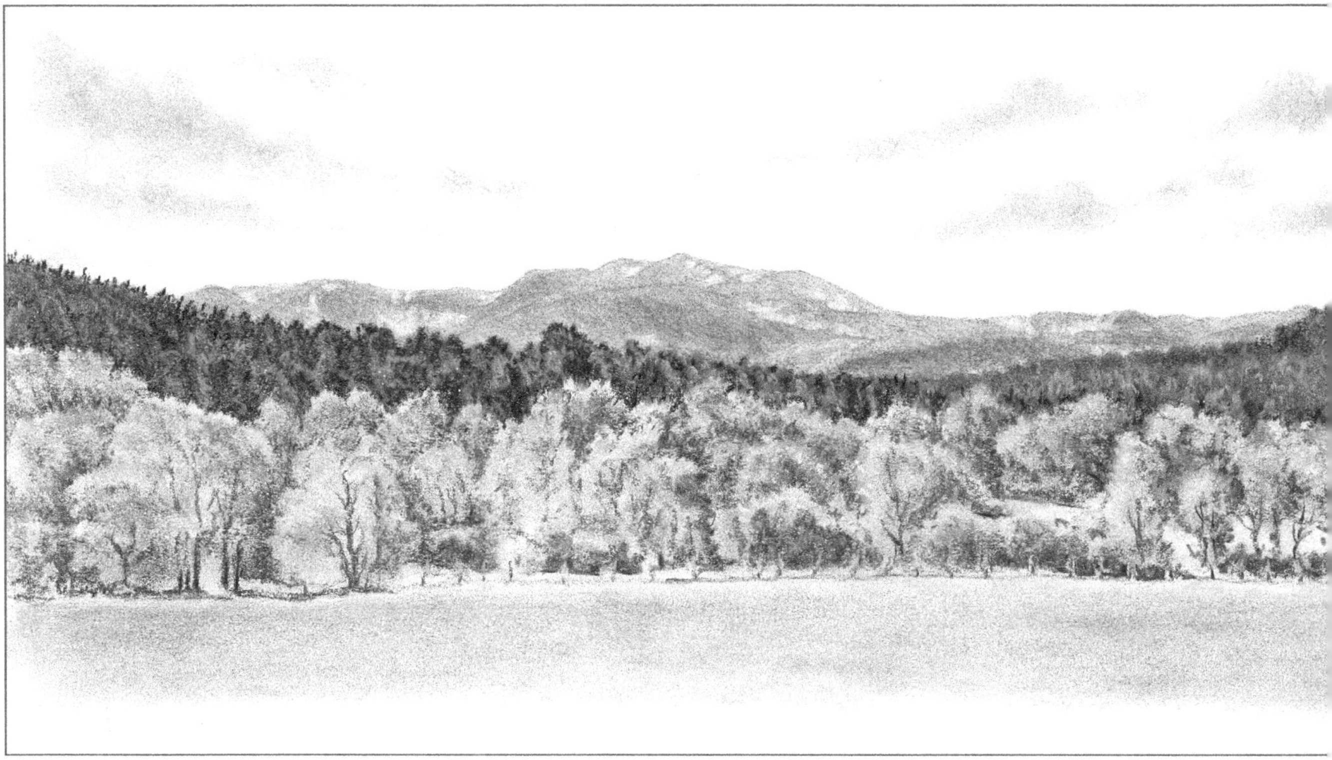

El dibujo acabado

En la fase final utiliza un trozo de carboncillo de saúco para redefinir las partes de los troncos y las sombras más oscuras entre los árboles. Algunas de estas sombras son tan oscuras como los abetos. Los palos de la valla que hay en la parte frontal de los árboles tienen un tono oscuro que contrasta con la hierba clara y los árboles oscuros de detrás. Por eso, puedes quitar carboncillo con la goma puntiaguda donde quieras que quede más claro. Utiliza polvo de carboncillo sobre el dedo o una pequeña esponja para crear una tonalidad clara en la hierba más cercana al espectador. Por último, emplea polvo de carboncillo sobre el dedo o sobre una esponjita para dibujar las nubes.

Páramos y praderas

Me gusta pasear tranquilamente por el campo tanto cuando estoy de vacaciones como cuando voy a pasear con mi perra cerca de mi casa. Siempre que camino, busco paisajes que me inspiren y a menudo me detengo a dibujar y hacer fotografías. Mi perra, la pobre, siempre tiene mucha paciencia y me espera antes de proseguir la marcha.

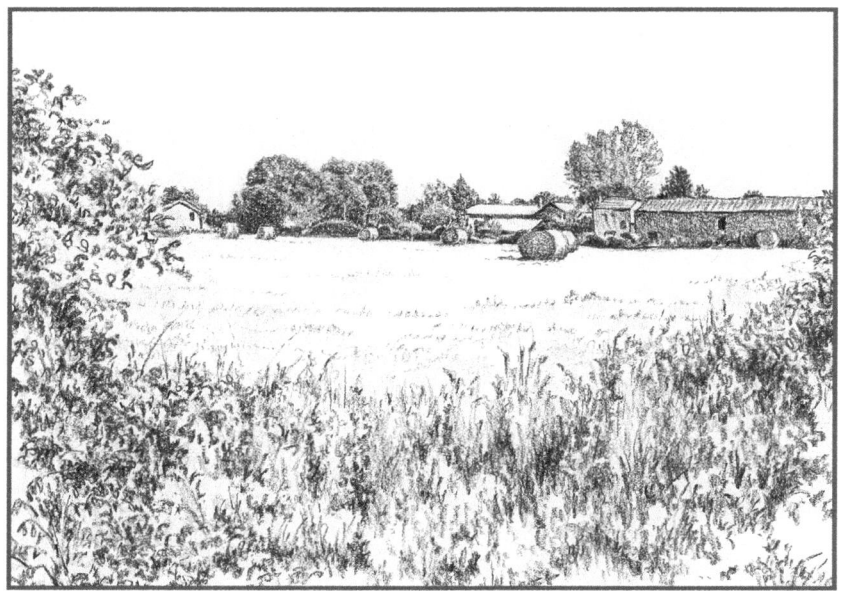

Campo de heno cerca de Ardin, Francia

Lápiz de carboncillo medio sobre papel de medida A4 de 300 g/m² (140 lb) blanco para acuarelas, prensado en caliente. El arbusto de la izquierda une el primer plano con los árboles y los edificios.

En el borde de New Forest, sur de Inglaterra

Pastel blando y lápiz Conté sobre papel gris de velvetón para pastel. Los colores pastel dejan unas bonitas marcas suaves en este tipo de papel.

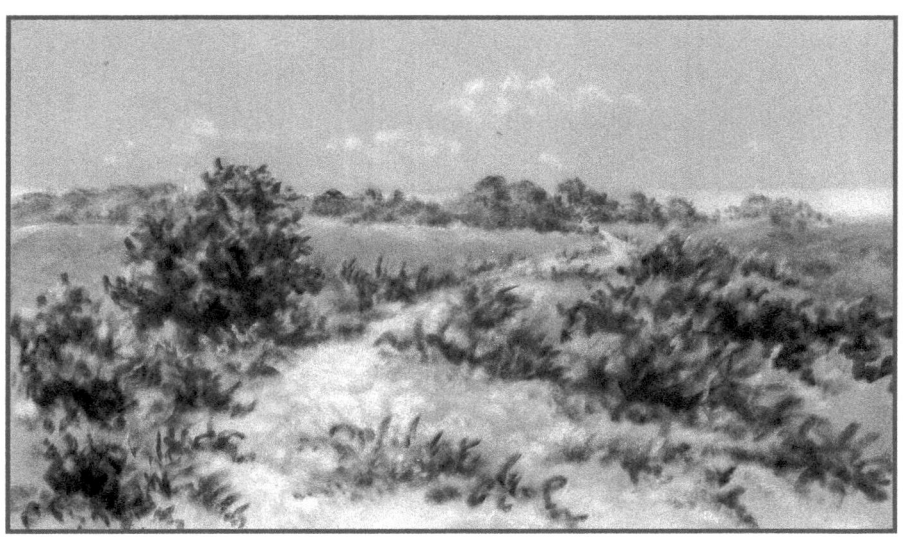

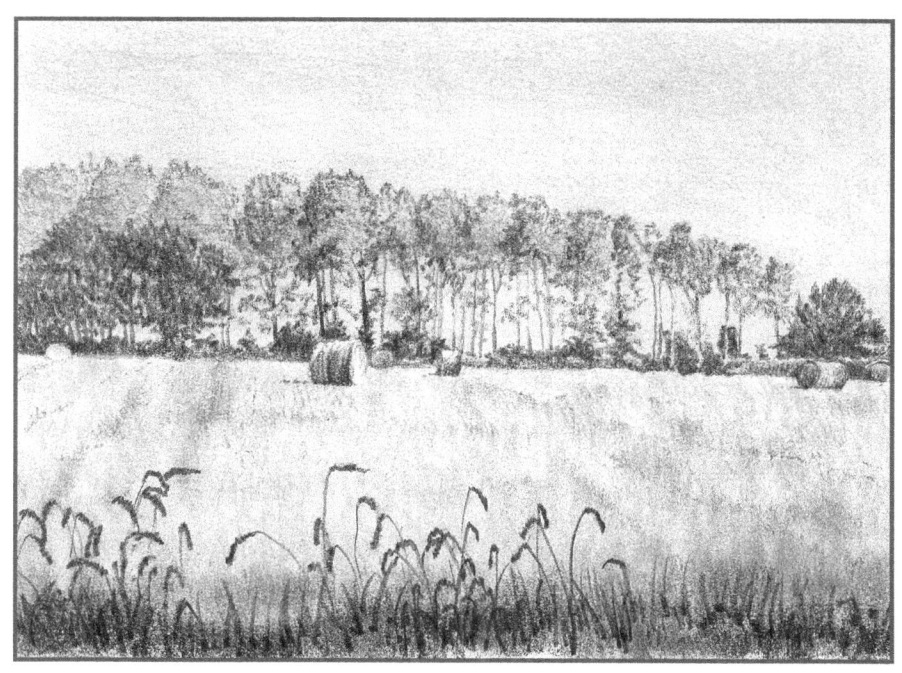

Prados en Vendée, Francia

Lápices Conté y lápices de grafito 3B, 5B y 7B sobre papel blanco para acuarelas prensado en caliente de 300 g/m² (140 lb). Conviene observar el contraste de los tonos oscuros frente a los claros tanto en el primer plano como en el fondo.

Oxshott Heath, sur de Inglaterra

Pastel en tarro color sepia aplicado con una pequeña esponja sobre papel de velvetón para pastel. Dejé el papel en blanco en la zona intermedia del campo para dar la sensación de que esa zona está bañada por los rayos de sol.

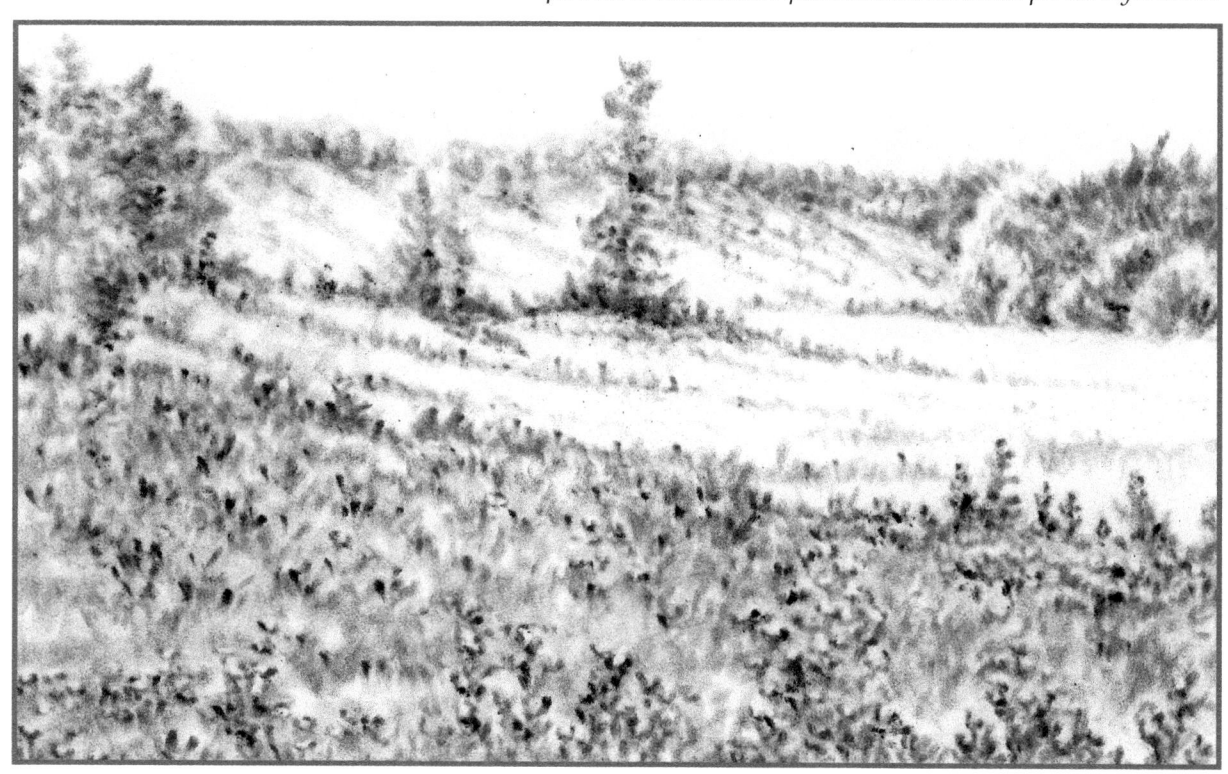

LOS CAMPOS DE BANSTEAD, SUR DE INGLATERRA

Siempre me ha encantado pasear por Banstead, en Surrey, en el sur de Inglaterra. No siempre se encuentran unos campos tan llanos como estos. Mi perra, Gemma, está aquí olfateando las plantas, algo que le encanta. En un primer momento me gustó esta vista porque la flor blanca de los espondilios contrastaba muy bien frente a los árboles —mucho más oscuros—, y la forma de las ramas, asomándose desde la izquierda. Me gusta la sombra que sigue el contorno de las plantas, el sendero y los campos así como la perspectiva aérea que se consigue gracias a los árboles —de un tono más claro— en la distancia.

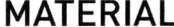
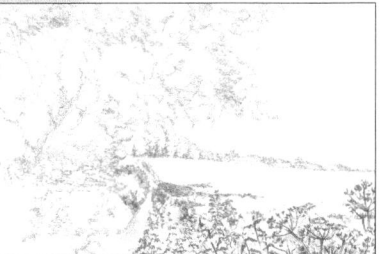

MATERIAL

Papel para acuarela prensado en caliente de 300 g/m² (140 lb)

Lápiz de grafito de tono medio soluble en agua

Lápiz y lápiz de grafito de 6B

Goma afilada

Papel de calco

Rotulador de tono medio soluble en agua o pincel

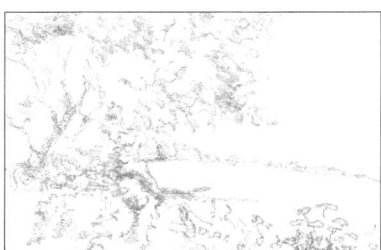

1 Utiliza un lápiz de grafito 6B, y sostenlo formando un ángulo bajo con el papel. Realiza suaves movimientos circulares para ir aportando tono a la composición. La vista del espectador se centrará en el espondilio (o branca ursina falsa) que resalta frente a las hojas oscuras de los árboles de atrás, así que colócalos a 1/3 del borde izquierdo y a 1/3 del borde inferior de la página. Yo exageré la curva del sendero y creé la sombra de los árboles siguiendo el contorno de la vegetación. Dibuja más flores silvestres a la derecha, y coloréalas de un tono más oscuro que en la fotografía original para equilibrar los tonos oscuros de la izquierda. Ten presente que las líneas diseñadas con lápiz se pueden borrar pero las que se realizan con lápiz soluble en agua no se pueden eliminar por completo.

2 Con lápiz de grafito de tono medio soluble en agua, dibuja sin apretar demasiado las formas y los tonos de los árboles distantes —que serán más pálidos—, con pequeños toques curvados. A continuación, principalmente con trazos verticales hechos con el lápiz soluble en agua, dibuja los tonos más oscuros que conformarán las sombras, de manera que sean curvados por encima de las plantas, rectos sobre el sendero y ascendentes y nivelados, campo a través.

4 Dibuja las formas de las flores y el follaje de la derecha del sendero con grafito soluble en agua con cuidado de mantener el color blanco del papel para las flores.

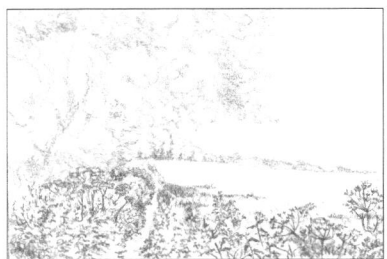

3 Las flores silvestres de la derecha del sendero no eran sino formas oscuras, secas del año anterior, así que las *delineé* con trazos sólidos y firmes, creando su silueta frente al campo de color más claro.

5 Con un trozo de papel de calco bajo la mano para evitar que los colores se corran y utilizando grafito soluble en agua con trazos cortos y curvados, dibuja los tonos más claros del follaje y las ramas de la derecha del fresno.

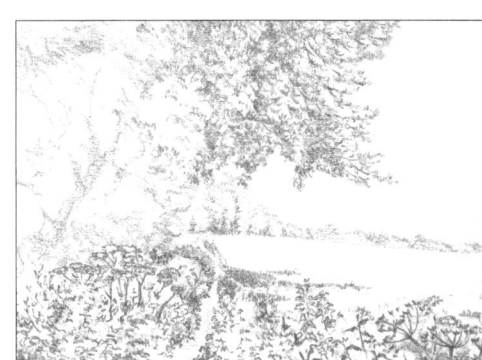

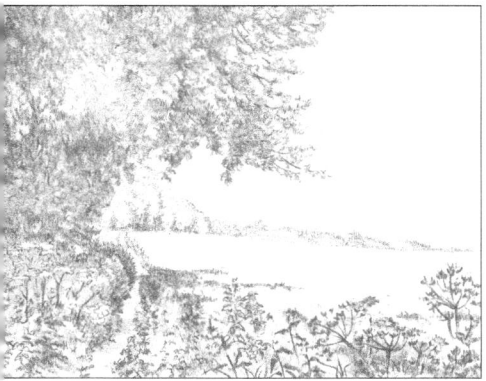

6 Dibuja el tronco oscuro del árbol y las ramas de la izquierda y, a continuación, las hojas, en tono oscuro. Después, con un rotulador de agua lleva un poco de agua al dibujo empezando por los árboles más distantes y trabajando también las sombras proyectadas en el campo, las flores silvestres en primer plano y por último el árbol y su follaje.

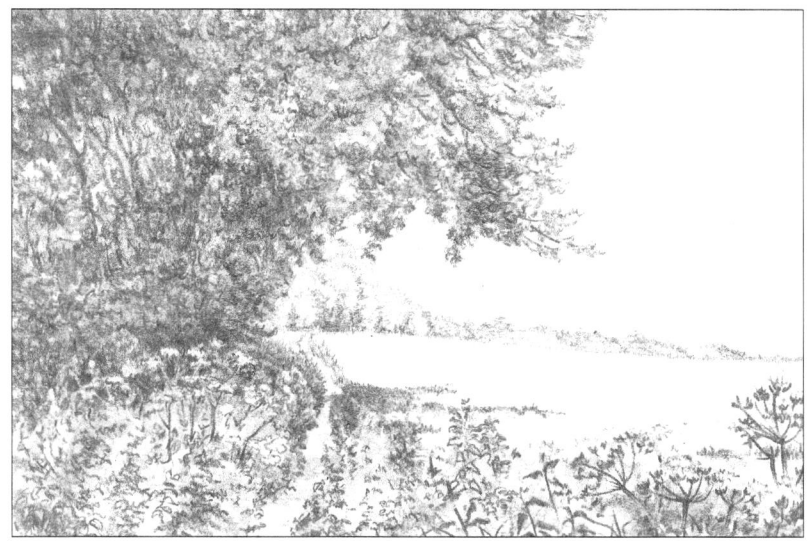

7 Con grafito soluble en agua, refuerza los tonos más oscuros de detrás de las flores blancas, alrededor de las hojas más claras y también algunas de las hojas más oscuras.

El dibujo acabado

En la fase final, de nuevo apliqué agua para disolver poco a poco parte de los trazos de grafito.

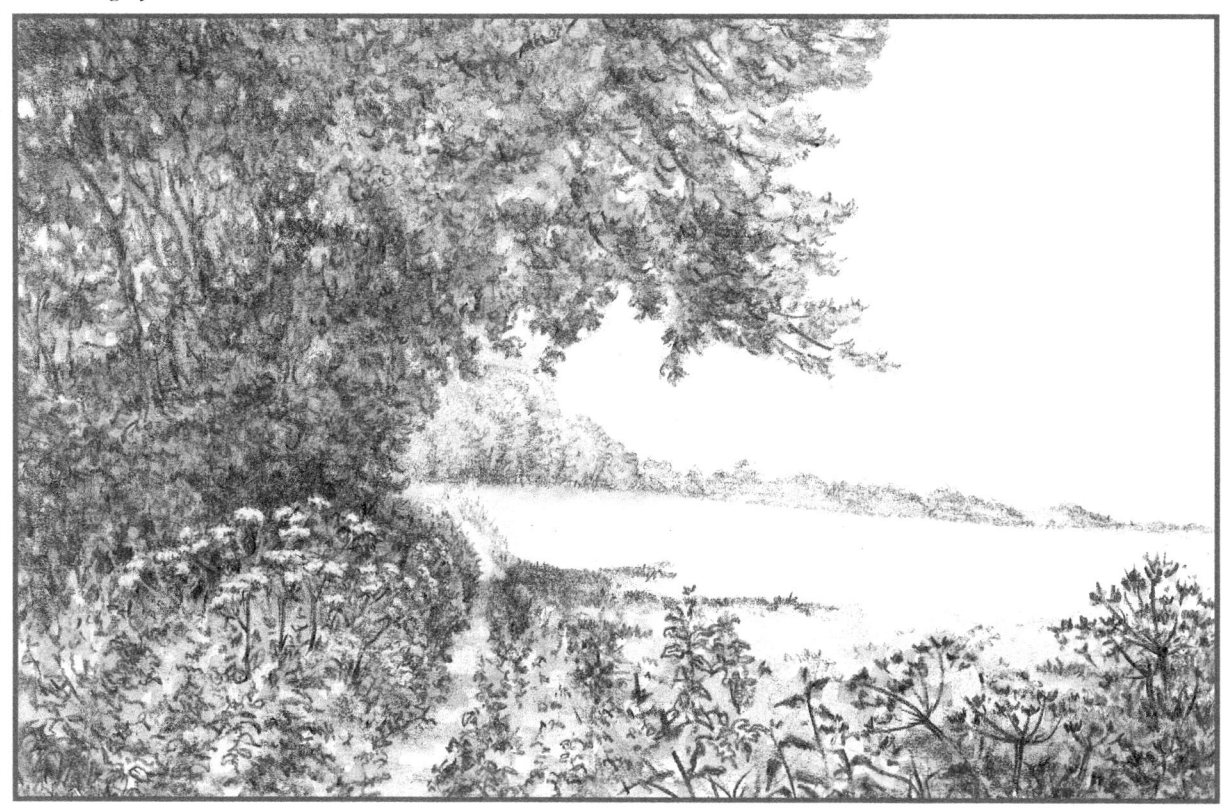

El cielo

El cielo cobra gran importancia en un paisaje porque nos aporta información sobre el tiempo que hace y también dicta la atmósfera de todo el dibujo. A veces es necesario dejar toda la zona del cielo completamente en blanco, sin tocar el papel. No obstante, a veces se puede mejorar con una formación de nubes en tonos pálidos o con nubarrones oscuros que sugieren que se acerca una tormenta.

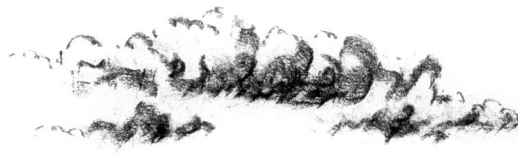

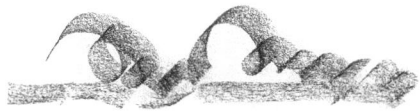

Nubes hechas con carboncillo (arriba) y lápiz Conté (abajo).

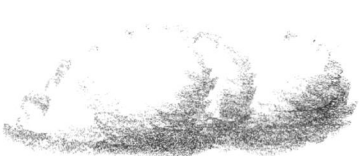

Nubes cúmulo dibujadas con lápiz 5B con trazos curvados ejerciendo diferente presión.

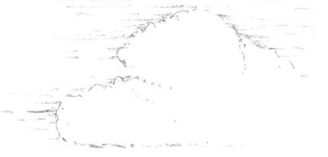

Nubes cúmulo delineadas con lápiz HB con puntos y líneas curvadas interrumpidas.

Nubes estrato hechas con lápiz 5B. El lápiz se sostiene casi en horizontal en relación al papel con el fin de trazar unas marcas gruesas que después se frotarán para difuminarlas con la yema del dedo.

Cielo al atardecer

Sobre un papel para acuarela prensado en caliente de dimensiones 10 x 15 cm (4 x 6") y 300 g/m² (140 lb), a la zona del cielo se le aplicó una tonalidad con un lápiz 5B sostenido horizontalmente. Fíjate en que las nubes estrato son más delgadas y más claras cuanto más se acercan al horizonte. Después froté las marcas con un trapo que enrollé en torno al dedo índice para suavizar y difuminar los tonos. Por último, plasmé la parte superior de las copas de los árboles, les apliqué tono con un lápiz 5B y pasé por encima un bastoncillo de algodón para que el borde no fuese tan definido.

Paso 1

Nubes estratocúmulo

*Rotulador técnico con tinta soluble en agua sobre papel
para acuarela prensado en caliente de 300 g/m² (140 lb)
de tamaño 7 x 25 cm (2 ¾ x 10"). La forma de las nubes
se hizo con puntos y, a mayor densidad de nubes, mayor
acumulación de puntos. Después, utilicé un rotulador
soluble en agua —también vale un pincel húmedo—
para diluir y extender la tinta con cuidado, apartándola
del borde de las nubes en la parte superior y dentro de
las nubes en la parte inferior. Conviene advertir que las
nubes parecen más pequeñas y más cercanas las unas a
las otras a medida que se acercan al horizonte, de manera
que crean perspectiva, aportando profundidad y recesión
al dibujo.*

El dibujo acabado

Toda nube tiene un revestimiento plateado

*Lápiz de tono intermedio de carboncillo y
tiza blanca sobre papel gris para colores
pastel Las nubes están suavemente
sombreadas con el lápiz de carboncillo de
tono intermedio y difuminadas ligeramente
con un trazo enrollado en torno al dedo.
A continuación, apliqué la tiza blanca
entre las nubes, presionando más alrededor
de la nube más pequeña que oculta el
sol poniente. La tiza fue difuminada con
cuidado y después las nubes se delinearon
con tiza, presionando más cerca del sol.
El papel ya me ofrecía un tono intermedio
entre el carboncillo negro y la tiza blanca.*

Fotografía de referencia para el dibujo del cielo de más abajo.

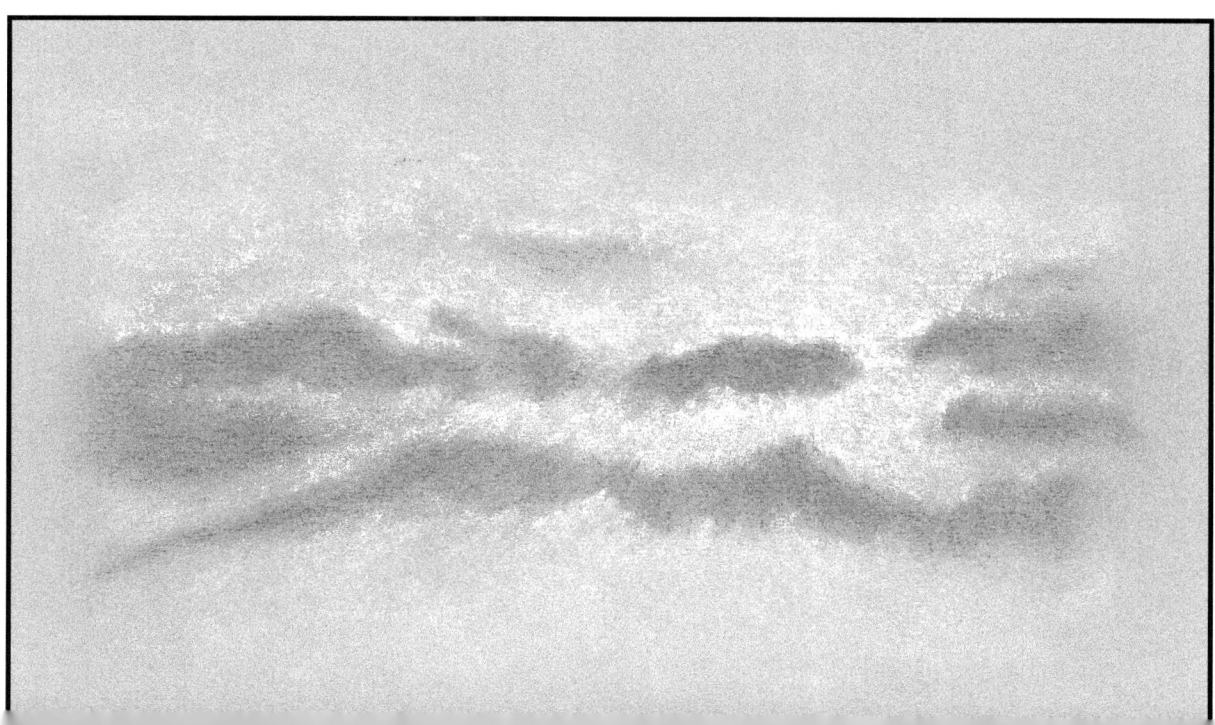

NUBARRONES ACECHANDO EL MONT SAINT-MICHEL, FRANCIA

MATERIAL

Lápiz HB

Carboncillo

Tiza

Lápiz de carboncillo de tono intermedio

Papel para acuarela prensado en caliente de tamaño A3 de 300 g/m² (140 lb)

Goma de borrar afilada y bastoncillos de algodón

Quería conseguir un cielo dramático en el que las nubes guiasen al espectador hasta el punto focal del dibujo. Como el monte Saint-Michel me había encantado, pensé que el dibujo debería retratarlo con detalle, pero dejando también protagonismo para el cielo que quería incluir.

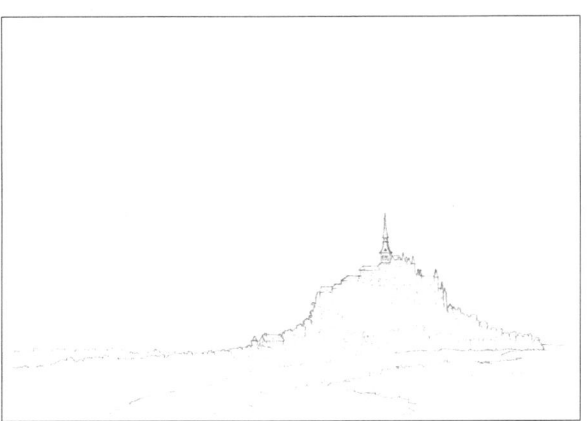

1 Dibuja el contorno del monte en primer lugar con lápiz HB para situarlo dentro de la zona del dibujo.

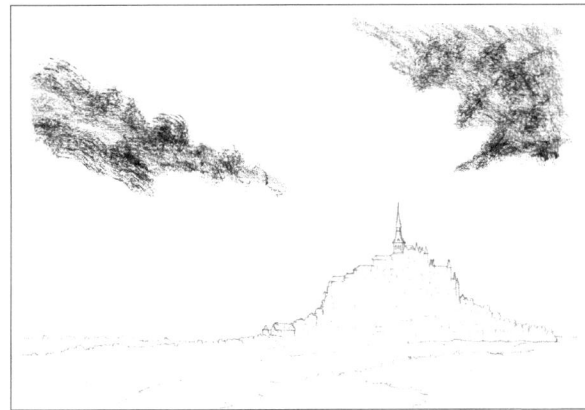

2 Con un trozo de carboncillo sujeto lateralmente, sombrea algunas nubes de izquierda a derecha.

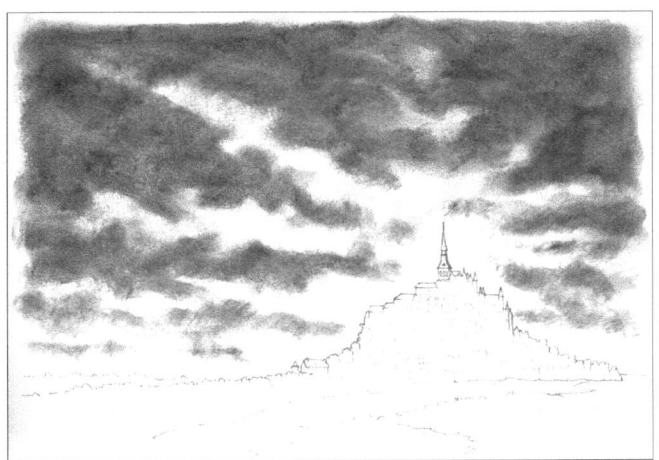

3 Con un trocito de tiza blanca ladeada, pinta por encima del carboncillo con movimientos circulares y añade más carboncillo por encima y por debajo de las marcas originales para hacer que las nubes irradien hacia el monte. Suavízalas sombreando un poco por encima con más tiza blanca.

4 Con un lápiz de carboncillo de tono intermedio incorpora los edificios y los arbustos del monte, así como la calzada de la izquierda y los bordes de los charcos a la derecha.

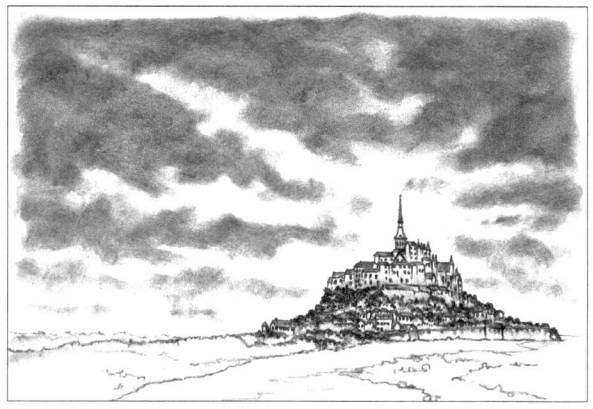

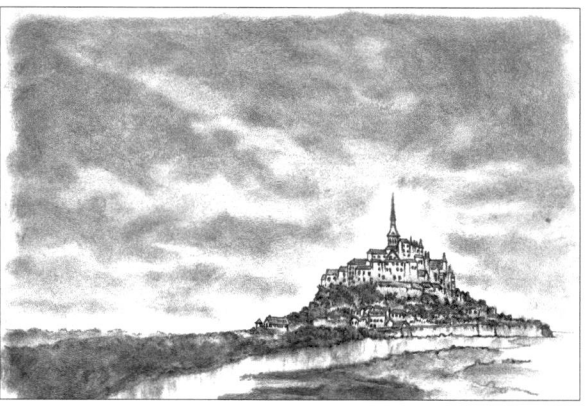

5 Da tono a los tejados de los edificios con el algodón de un bastoncillo y difumina también un poco los laterales de los edificios haciendo movimientos ascendentes con el dedo. Utiliza un lápiz de carboncillo de tono intermedio, y oscurece tanto los arbustos como el chapitel del edificio más alto para crear contraste.

6 Con el lápiz de carboncillo intermedio, funde las marcas con movimientos circulares con el dedo, coloca la vegetación, las rccas y la arena en el lateral de la calzada. Arrastra el dedo hacia abajo desde la vegetación para que dé la impresión de que el agua llena los lagos a medida que sube la marea. Utiliza más tiza blanca en el lateral para aclarar el tono de las nubes e incorpora tonos más claros, más sutiles, entre los nubarrones.

El dibujo acabado

Aporté mayor luz y difuminé los tonos de las nubes con tiza blanca además de subir el nivel de los dos laterales de la calzada en la izquierda para que estuvieran alineados con el horizonte de la derecha. Con carboncillo, tiza blanca y un trocito de goma con punta, añadí unas cuantas piedras y algas al primer plano.

Flores en el paisaje

Las flores pueden resaltar cualquier paisaje y en ocasiones se convierten en el atractivo principal de un cuadro. Me gusta hacer bocetos de flores al aire libre en mi jardín y también en terrazas y jardines de familiares y amigos. Cualquiera de estos esbozos podría añadirse a un paisaje o ser el centro de un dibujo más detallado.

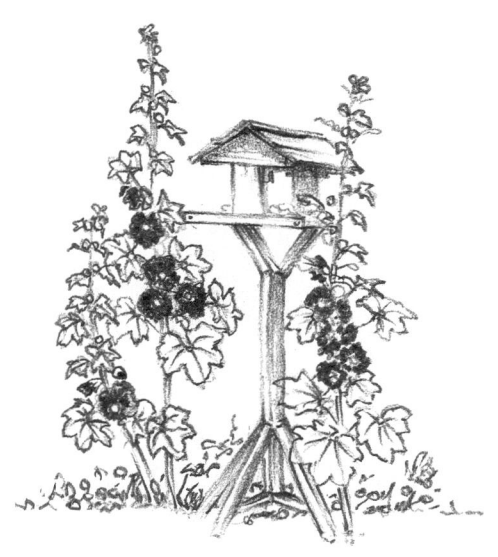

Malvarrosas y caseta para pájaros. Dibujado con lápices de grafito 4B y 8B.

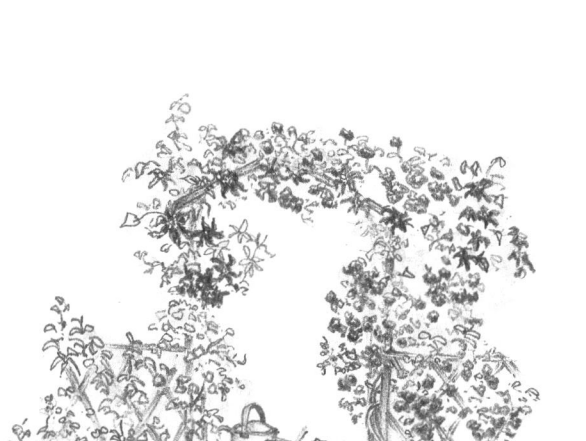

Arco de rosales y regadera. Lápices de grafito 4B y 8B.

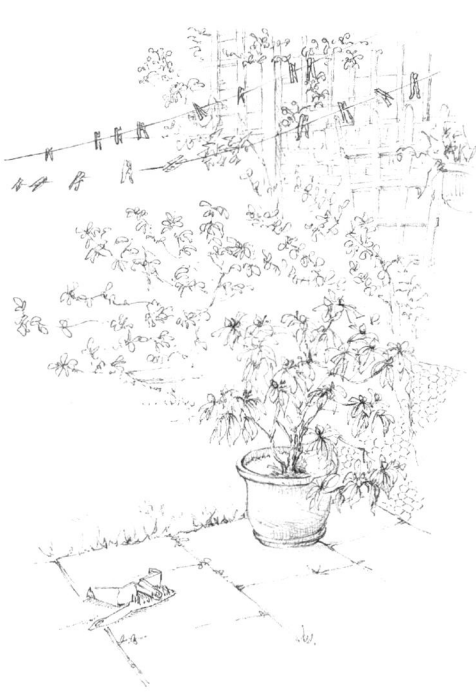

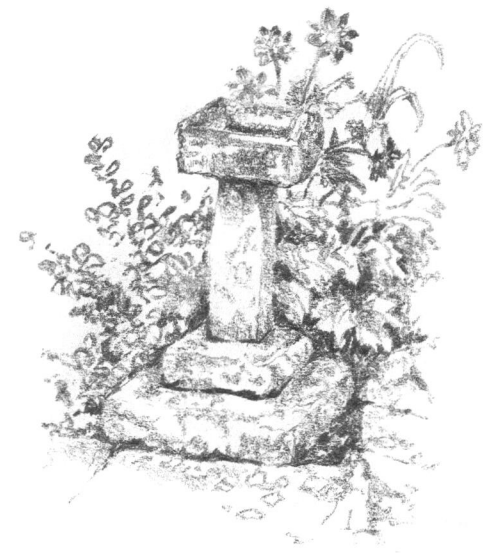

El baño de los pájaros de Ann. Lápices de grafito 2B y 4B.

El jardín de Vicky. Lápiz de grafito HB. Me hizo gracia dibujar con todo detalle las pinzas de colgar la ropa, la enredadera de la pared, el alambre de las gallinas, la escoba y el recogedor en este pequeño jardín familiar que estaba repleto de flores.

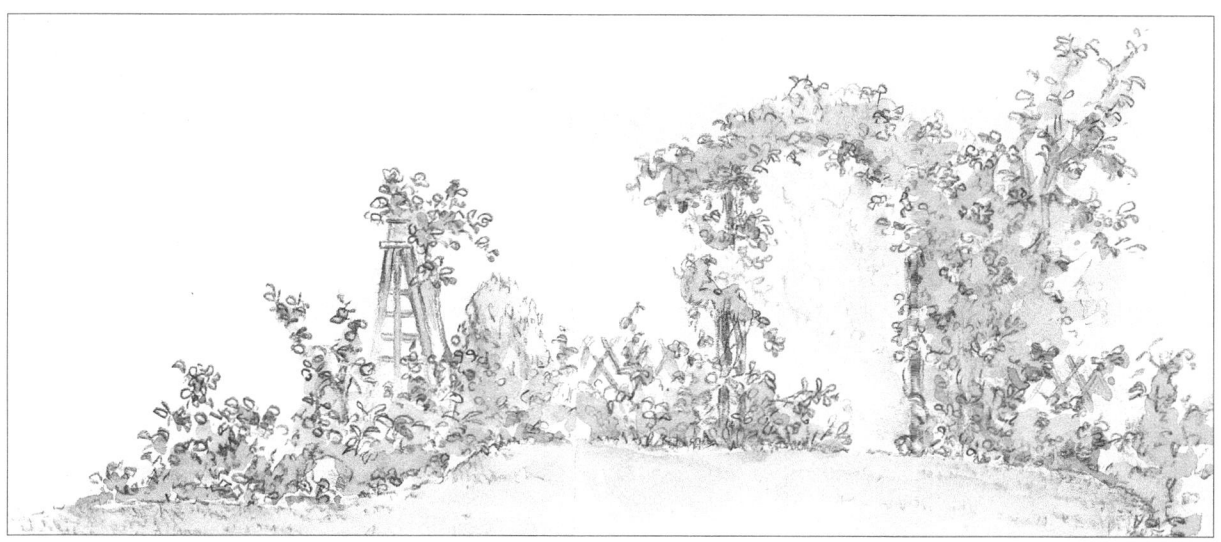

Mi jardín en verano, dibujado en dos páginas de mi bloc de dibujo.
Rotulador con tinta soluble en agua ligeramente humedecido en algunas zonas con un
rotulador soluble en agua para crear tonos más suaves.

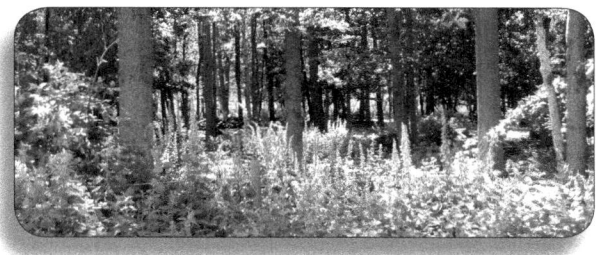

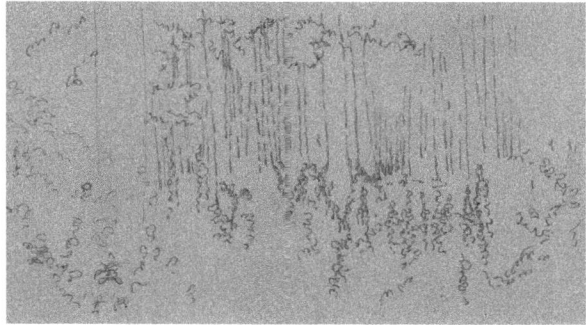

La fotografía de referencia y el dibujo inicial
en el que se basó el dibujo de abajo

Dedaleras en los bosques de Wisley, Inglaterra

Lápices Conté blancos y negros y pastel al óleo en color blanco sobre papel tintado para colores pastel de 160 g/m² (98 lb) de dimensiones 28 x 17 cm (11 x 6 ¾"). El papel tintado ya me aportaba un tono intermedio interesante para el dibujo y con un lápiz HB situé los árboles y las dedaleras antes de dibujar los troncos y las hojas con lápiz Conté negro. Después utilicé un lápiz Conté blanco para dibujar las flores y las partes más claras del follaje que fusioné con el lápiz Conté negro para crear un tono más intermedio. Por último, con el pastel al óleo en color blanco añadí unos reflejos a las dedaleras y al follaje que atrapaba el brillo de los rayos de sol.

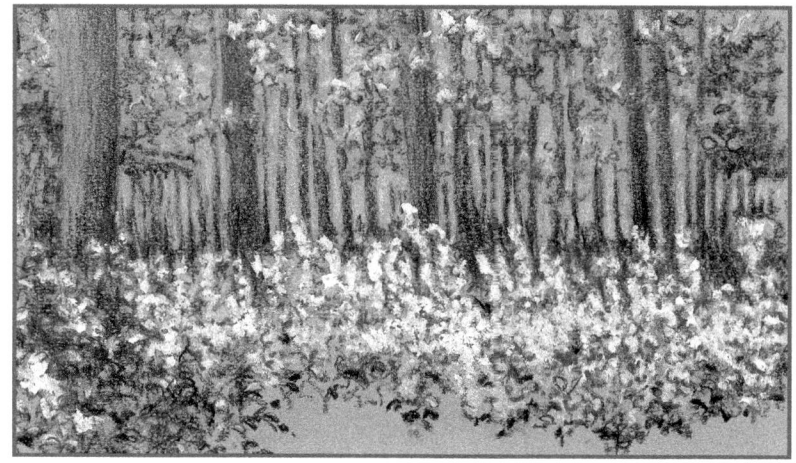

AMAPOLAS EN LO ALTO DE LA COLINA

En un campo en una colina cercana a mi casa hay muchas amapolas silvestres. Si se trabaja la tierra en otoño y se deja en barbecho, crecerán amapolas al año siguiente. Conforman un paisaje espectacular que nunca me canso de mirar y que a menudo convierto en el centro de mis dibujos.

MATERIAL

Papel para acuarela A4 prensado en caliente de 300 g/m² (140 lb)

Lápiz de grafito B

Trozo de carboncillo de saúco con cinta adhesiva

Algodón

Un lápiz de carboncillo

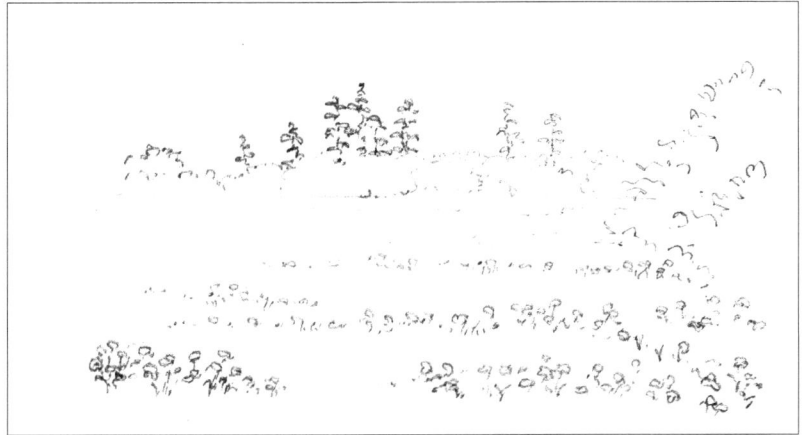

1 Con un lápiz B, dibuja sin apretar la línea horizontal de la parte más lejana del campo. No recurrí a la regla para hacer la raya sino que utilicé el borde del estuche de acuarelas para hacer la línea recta. Dibuja el contorno de los árboles, los arbustos y las amapolas.

2 Utiliza un trozo de carboncillo de saúco al que le habrás enrollado celo en un extremo para no mancharte la mano, garabatea en un trozo de papel para que deje residuo. A continuación, con un trozo de algodón y la yema del dedo dibuja las nubes y los tonos más claros del campo entre las filas de amapolas. Acto seguido, con el lápiz de carboncillo dibuja los árboles distantes y los arbustos con movimientos curvados, dejando huecos de papel blanco alrededor de cada grupo de follaje por donde pasan los rayos de sol.

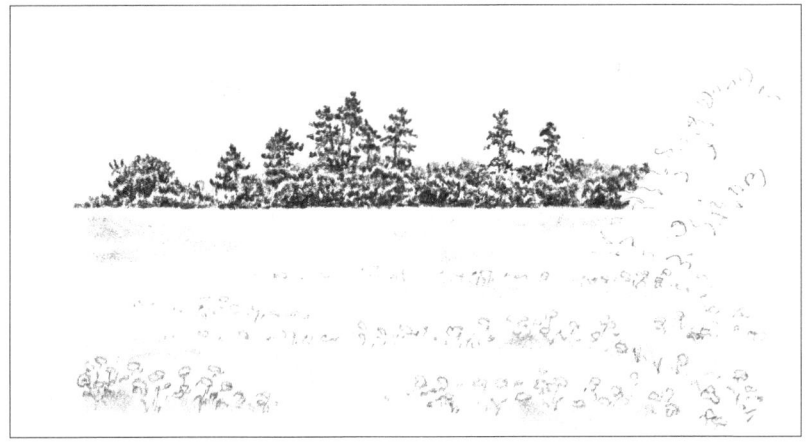

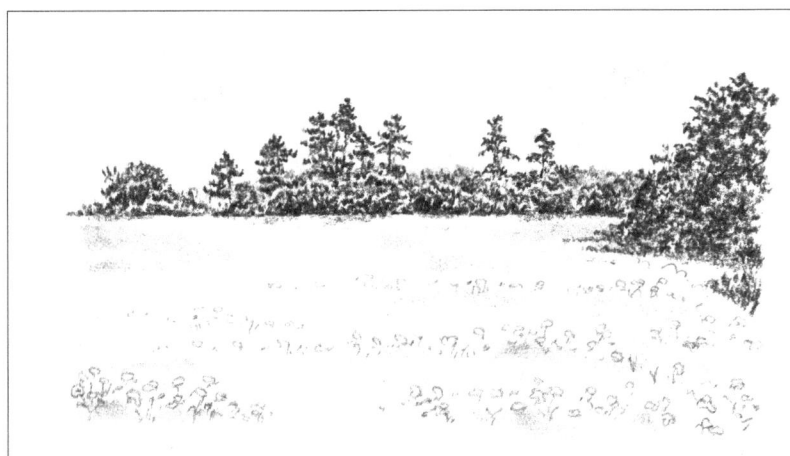

3 Dibuja de forma similar los árboles y los arbustos en el lado derecho, utilizando el lápiz de carboncillo y dejando que se vea el blanco del papel alrededor del borde de cada grupo de árboles. Utiliza el carboncillo de saúco para enfatizar las zonas más oscuras de los árboles más cercanos al espectador.

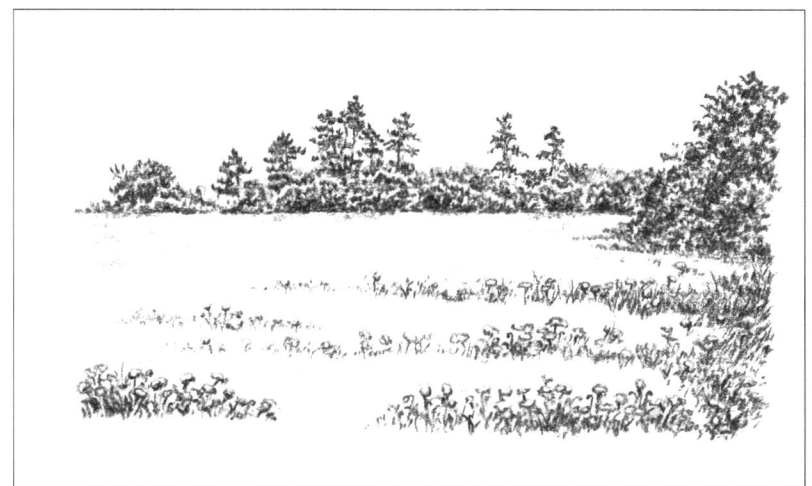

4 Emplea de nuevo el lápiz de carboncillo para realizar suaves trazos ascendentes que simularán las sombras sobre la hierba, rodeando las amapolas, además de marcar los tonos más oscuros en la base de cada tallo.

El dibujo acabado

Para acabar el dibujo tienes que oscurecer algunas amapolas con lápiz de carboncillo y hacer un punteado que simule grupos de amapolas en el extremo más lejano del campo, utilizando el lápiz en vertical. Estos dibujos con carboncillo funcionan muy bien gracias al gran contraste de tono que se crea entre el blanco del cielo, la tonalidad intermedia del campo y los tonos más oscuros de los árboles y los arbustos.

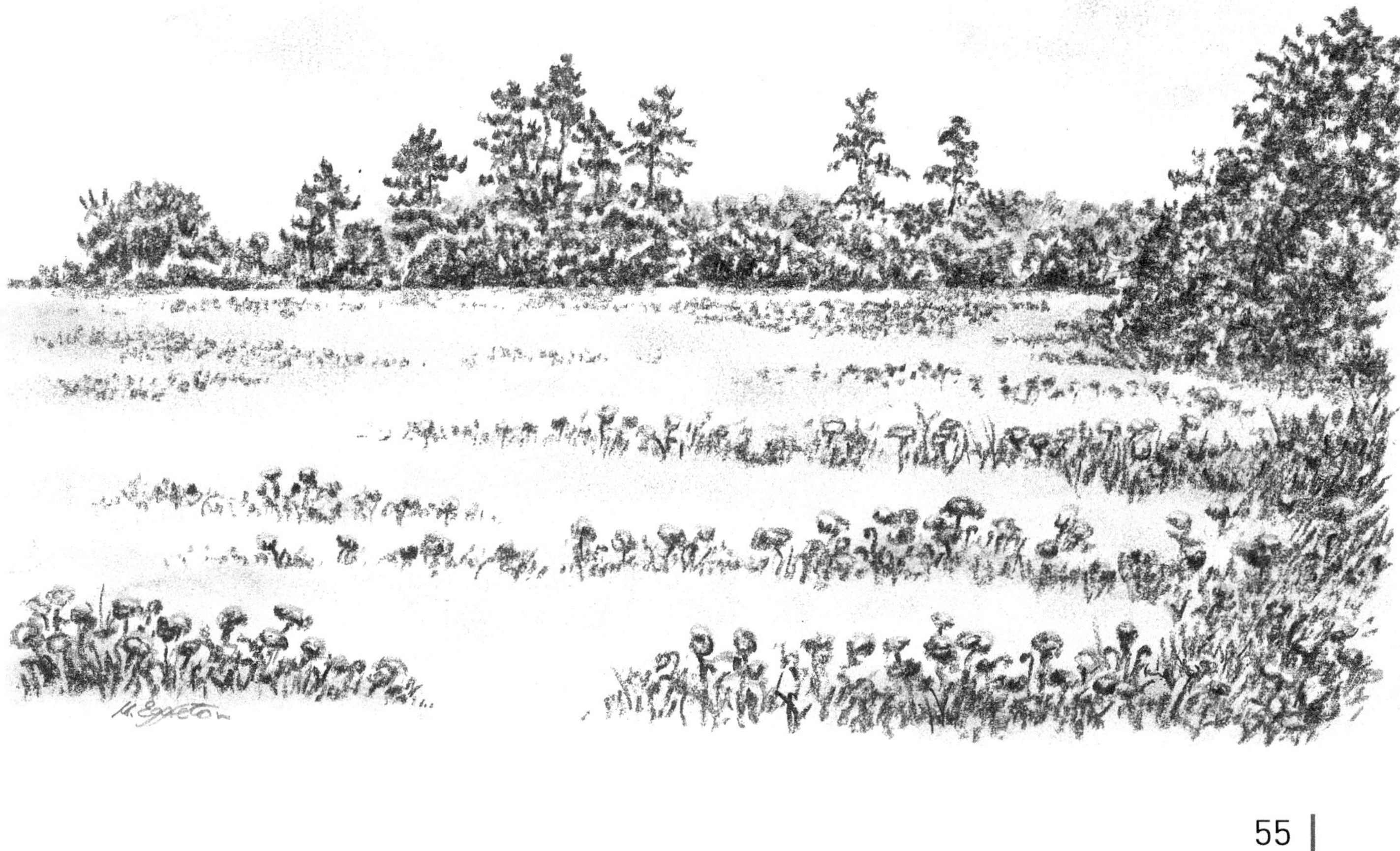

Agua

Los paisajes cobran interés al incluirles agua. Los ríos, lagos, riachuelos, cascadas, canales e incluso charcos suelen ser el rasgo que capta la atención del artista y le mueve a dibujar en primer lugar. Los reflejos, sin duda, añaden gran atractivo. El cielo hace que el agua tenga un tono claro con menor detalle que la tierra circundante, lo que crea un equilibrio de contrastes en la composición. Las ondas que el viento, los pájaros, la gente o los barcos crean en la superficie del agua le aportan una textura especial.

El agua en completa calma produce un reflejo casi igual que el de un espejo, de manera que podemos ver el paisaje reflejado al revés. Las imágenes oscuras parecen ligeramente más claras al reflejarse en el agua y las imágenes claras quedan un poco más oscuras que el objeto que reflejan.

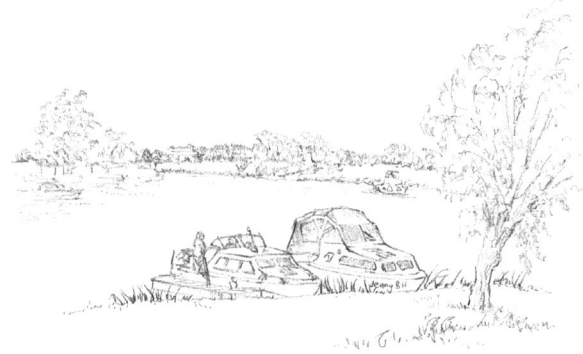

Barcos en Lazy Otter, Norfolk, este de Inglaterra
Lápiz de grafito 2B y 4B sobre papel de dibujo prensado en frío.

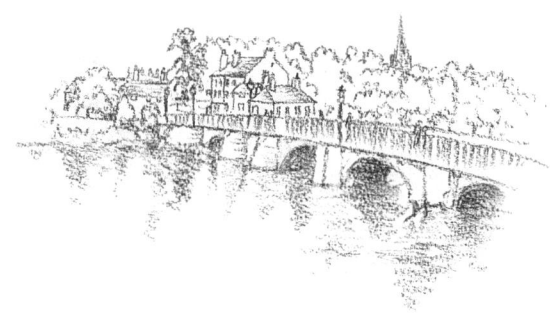

El viejo puente de Chester
Lápiz de carboncillo sobre un papel de dibujo para acuarelas prensado en frío. Al utilizar un papel rugoso o un papel prensado en frío con carboncillo o colores pastel se consiguen líneas rotas, interrumpidas, que son ideales para dibujar los reflejos.

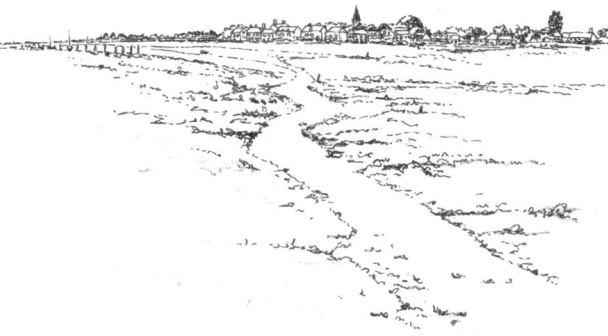

Estuario del río, Chichester, West Sussex, Inglaterra
Utilicé un rotulador de tinta soluble en agua para dibujar el pueblecito desde el otro lado del estuario del río, de modo que las casas muestren más detalle y el terreno embarrado se defina con escasez. Cuando se secó, empleé un rotulador de agua para humedecer algunas de las líneas y dar el efecto de que el agua discurre por el barro para encontrar su curso hacia el mar. Tuve cuidado y dejé que la mayoría de las líneas de los edificios se secasen, aparte de la sombra de la derecha, que sequé enseguida con un pañuelo de papel para evitar que quedase demasiado oscura. Solo humedecí los árboles y los arbustos. En el estuario la marea sube enseguida, llenando todo el espacio de gran cantidad de agua.

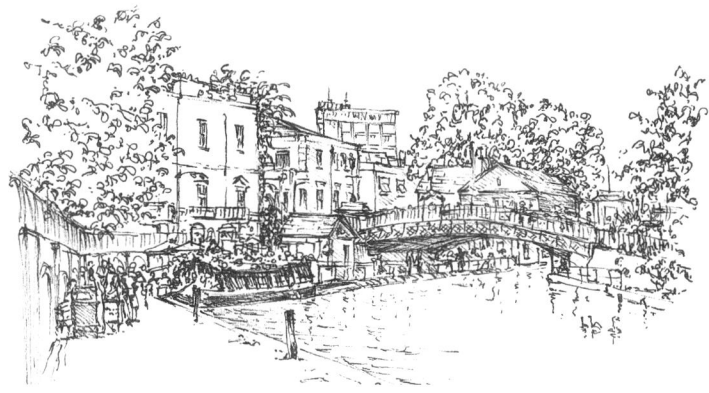

Little Venice, Londres

Hice el dibujo in situ con rotulador técnico de tinta permanente con base de alcohol sobre papel de dibujo de 300 g/m² (140 lb). Además de los patos, los cisnes y las barquitas ocasionales, el viento también movía el agua, así que los reflejos están rotos y dibujados con rapidez, sin precisión.

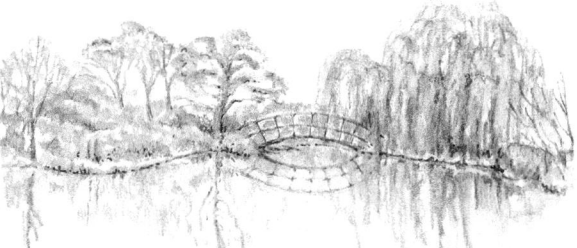

El jardín de ninfeas de Monet en Giverny, Francia

Primero diseñé el paisaje a grandes rasgos con un lápiz añil soluble en agua. Se trataba de un dibujo de observación de los tonos más que del contorno. Después utilicé un rotulador de agua para humedecer cuidadosamente el proyecto antes de dibujar de nuevo con el lápiz coloreado para aportar algunos puntos más oscuros. Este método resulta ideal para representar la caída de las hojas del saúco y su reflejo en el agua. He estado varias veces en este paraje mágico y siempre me ha costado mucho marchar.

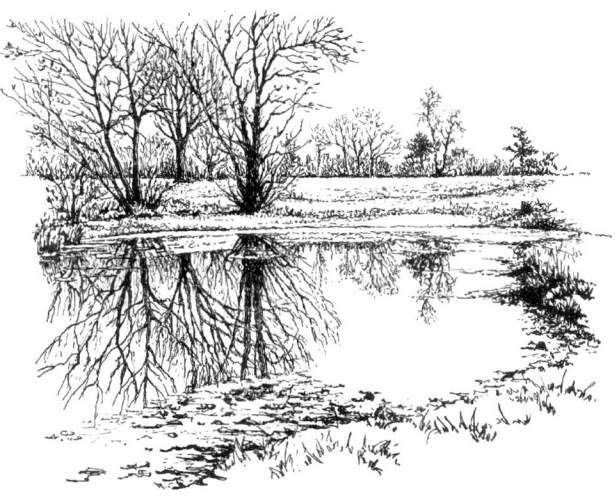

Estanque en un parque

Tinta acrílica sobre papel para acuarela prensado en caliente Fabriano Classico de 300 g/m² (140 lb). Los tonos de los árboles a orillas del estanque son más fuertes que su reflejo en el agua. La orilla del estanque está meticulosamente definida. La superficie del agua y los reflejos quedan rotos por algunas hojas y algas. Los árboles distantes están representados con pequeños puntos y rayas, utilizando el rotulador completamente bocabajo para que los trazos sean más débiles.

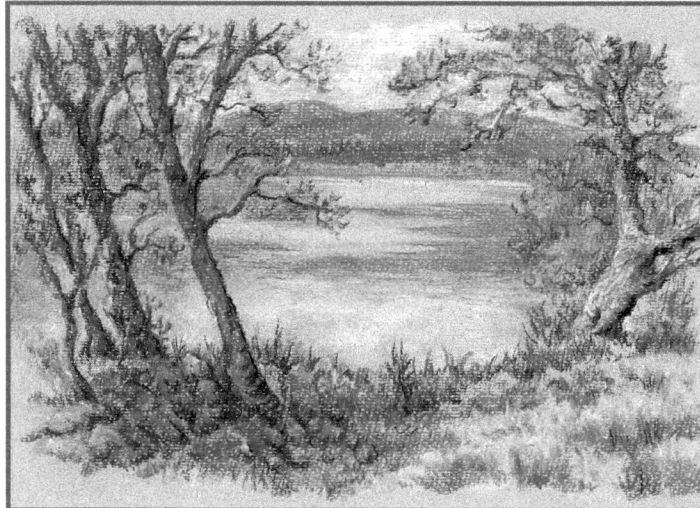

Lago Kinord, Aberdeenshire, Escocia

Lápices de carboncillo tintados sobre papel para colores pastel. Dibujé el contorno de los árboles con lápiz de carboncillo negro y después la hierba, las hojas y las colinas con tono gris antes de acabar con un lápiz blanco para insertar los reflejos en los árboles, el suelo y el agua. Mi marido y yo hemos caminado muchas veces en torno a este lago del que todavía hay evidencias de antiguos asentamientos en la orilla y en la isla.

57

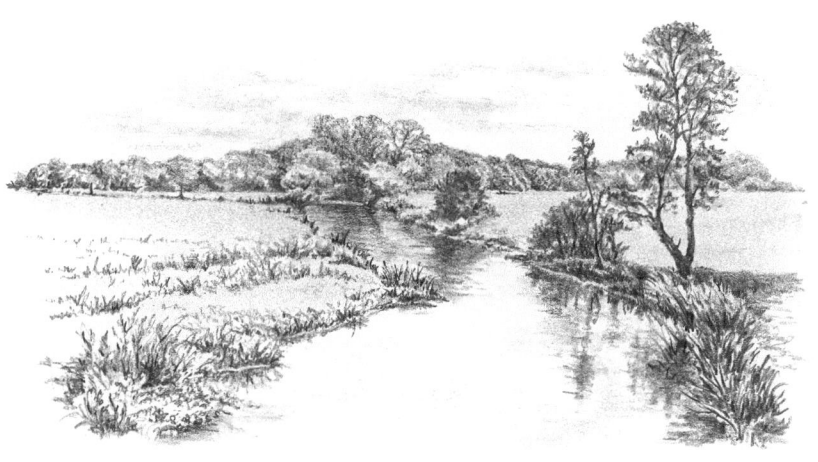

Río Wey, Surrey, sur de Inglaterra

Grafito sobre papel para acuarela prensado en caliente Fabriano de 300 g/m² (140 lb). Después de dibujar el contorno sin presionar demasiado utilicé una barra de grafito para los árboles y la orilla del río. Los árboles del fondo los tracé con una barra de grafito 4B soluble en agua diluida en un rotulador de agua. Con grafito 7B sin presionar di tono a los campos y después lo difuminé con el dedo. Los reflejos y las nubes los hice con una barra de grafito de acuarela 4B y los diluí a continuación con un rotulador de agua. Dejé una pequeña línea blanca de papel entre los reflejos y la orilla del río. Por último, añadí unos detalles con tonos más oscuros con lápiz de grafito 6B.

Charco en el brezal

Tinta acrílica sobre papel para acuarela prensado en caliente Fabriano 300 g/m² (140 lb). El reflejo no muestra el tronco del árbol ya que el agua no está justo al lado. La parte superior del seto se refleja porque está más cerca del agua. Los árboles distantes y la granja los dibujé con puntitos y rayas, utilizando la parte de atrás de la puntilla de la pluma.

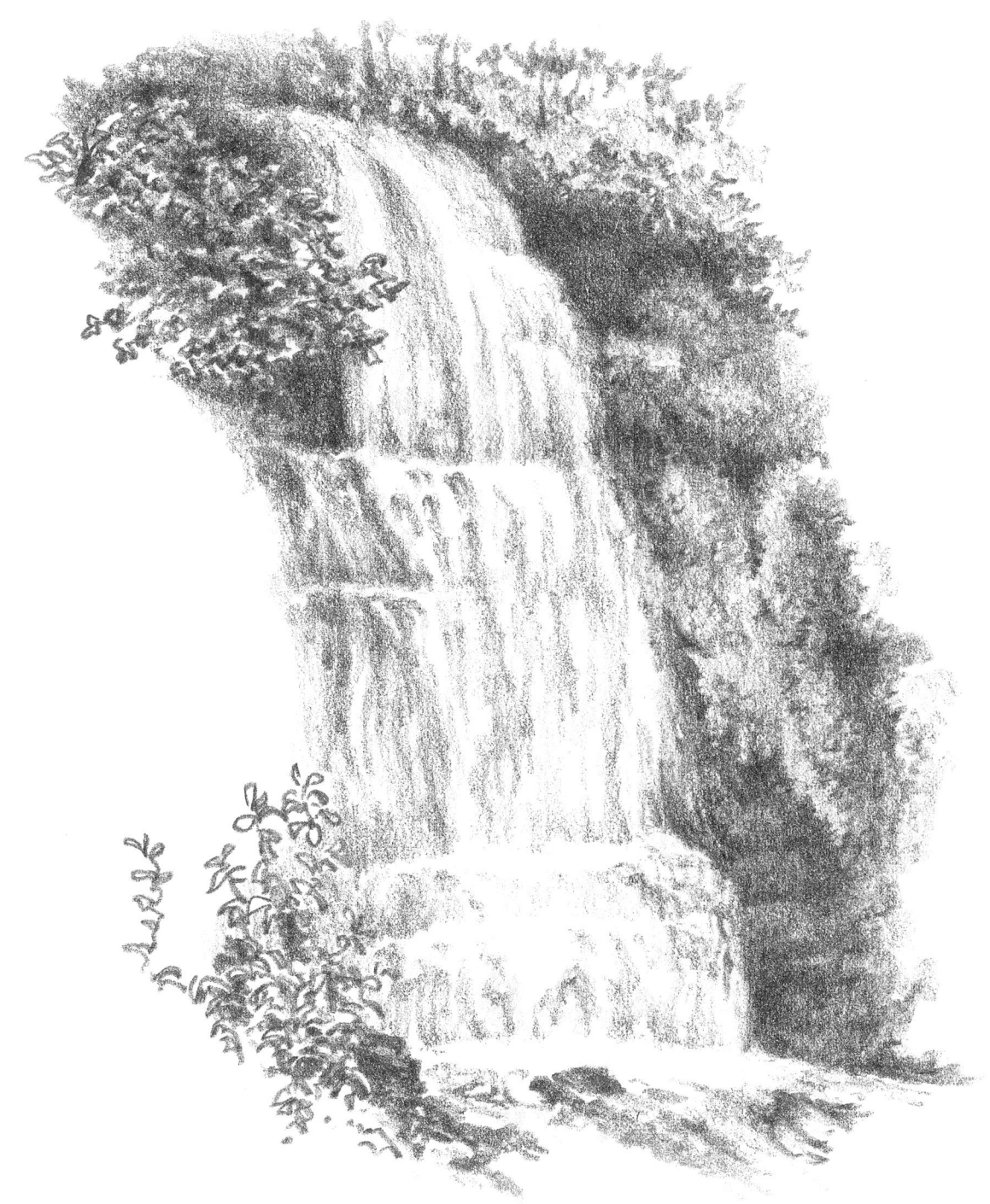

Cascada Pat, Wensleydale, Yorkshire, norte de Inglaterra

Barra de grafito 4B sobre papel para acuarela prensado en caliente Fabriano de 300 g/m² (140 lb). Las cascadas son especialmente difíciles de dibujar y pintar. Lo importante es conseguir que las tonalidades consigan que parezca que el agua corre lo más rápido posible manteniendo parte del blanco del papel. Empieza con los tonos más claros, busca las formas detrás del agua y después refuérzalas poco a poco donde sea necesario. Yo oscurecí las hojas de los árboles y la vegetación que rodea las rocas con ligeros movimientos circulares.

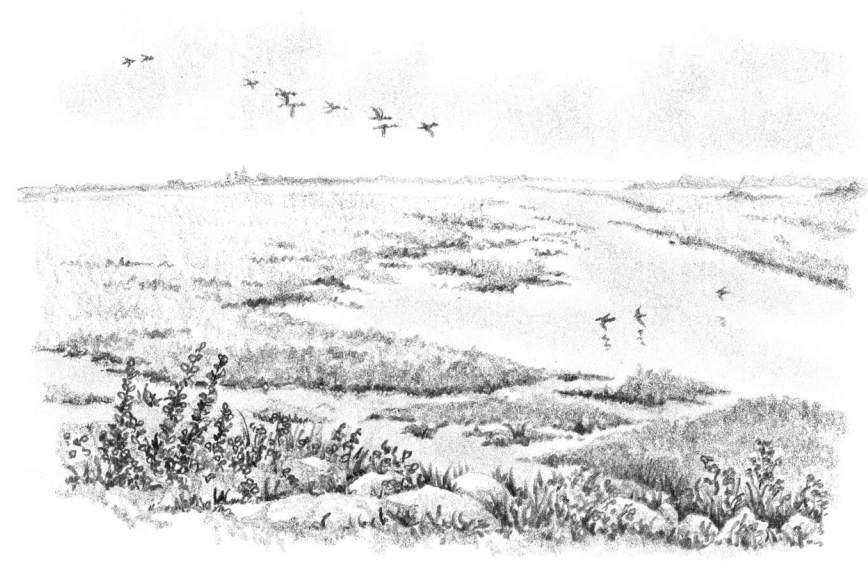

Reserva Natural de Pagham, sur de Inglaterra

Lápiz de grafito. Dibujé el contorno —sin apretar— con un lápiz B y después añadí el sombreado con lápiz de grafito 2B antes de emplear el 6B para los tonos más intensos. Todos los bordes de las orillas que miraban hacia mí poseían unas tonalidades más fuertes y también se reflejaban ligeramente en el agua. Había unas cuantas flores silvestres en el sendero por el que caminábamos y que quedaba por encima del agua. Las dibujé con tonos más fuertes para que contrastasen con las piedras, dibujadas más claras. Incorporé los pájaros para aportarle vida, ya que estaban revoloteando en bandadas constantemente por encima de nuestras cabezas. El reflejo del pájaro que vuela más alto tiene una separación mayor que la de las otras aves.

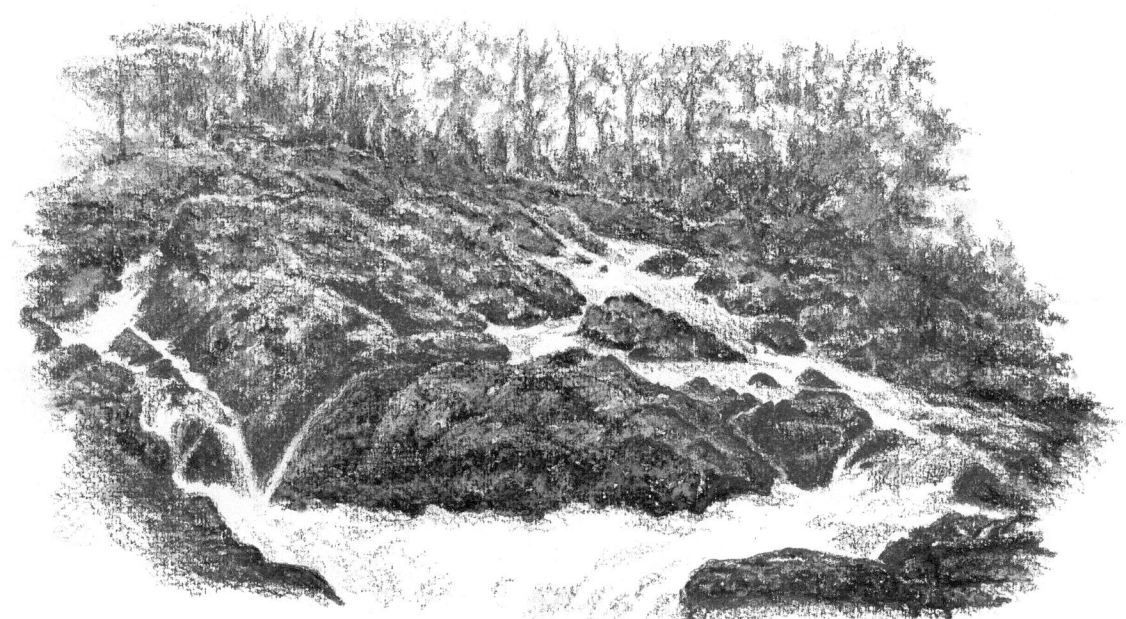

Río Dee desde el puente de Feugh, Escocia

Barra de grafito 6B y barra de grafito 4B soluble en agua. El papel para acuarela de 300 g/m² (140 lb) utilizado aporta una textura rugosa. El contraste de tonos entre las rocas mojadas y el agua blanca es muy fuerte. Utilicé el grafito soluble en agua para las rocas más cercanas, que humedecí con un rotulador de agua.

EJERCICIO EN EL CANAL

Me gusta caminar con amigos a lo largo de este canal: el canal de navegación Wey de Surrey. Las curvas de las orillas del canal a cada lado del sendero muestran la fuerte perspectiva lineal que desaparece en un punto de fuga a la izquierda del gran árbol.

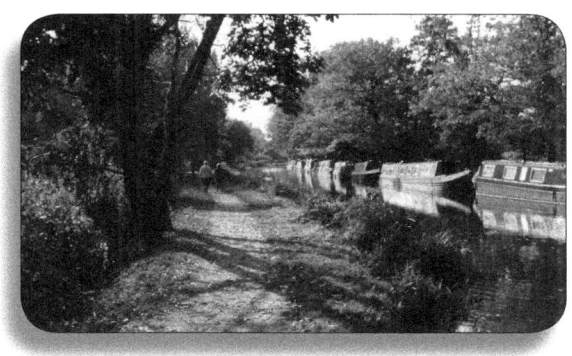

La fotografía de referencia

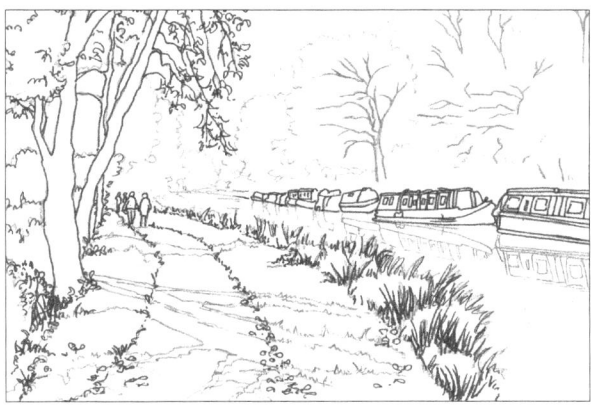

1 Dibujé el contorno de esta escena con lápiz HB y después pasé a delinear los estrechos bancos, la orilla más cercana y los árboles más próximos con rotulador técnico de tinta con base de alcohol. Dejé las sombras y los reflejos en lápiz.

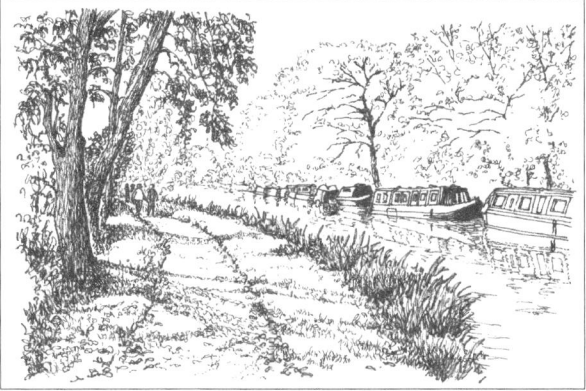

2 Procedí a pintar los árboles más distantes, los reflejos, las sombras y los detalles de la hierba y las hojas con un rotulador fino soluble en agua, con soltura, sin repasar con rigidez las líneas trazadas con lápiz.

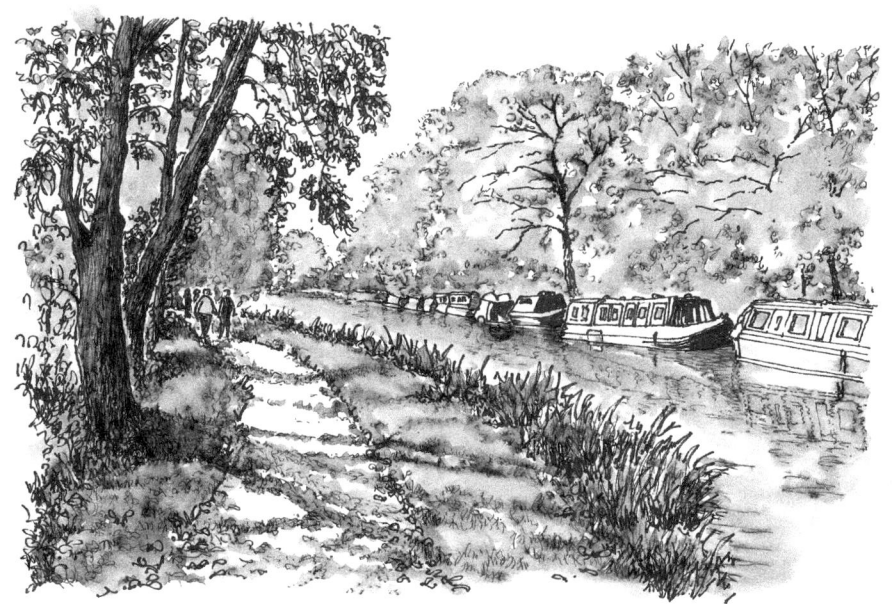

El dibujo acabado

Utilizo un rotulador de agua para diluir la tinta de las hojas de los árboles de la orilla más lejana, dejando algunos huecos en blanco. Diluye las marcas de los reflejos del agua pero sin tocar los esbeltos juncos de la orilla más próxima. Diluye la tinta de la hierba a cada lado del sendero, así como las sombras con rápidos y ligeros movimientos de rotulador de agua, quitando el exceso de vez en cuando para variar el tono. Ten cuidado y deja algunos trozos de papel en blanco, por ejemplo, en el sendero o en las zonas del barco a las que les da el sol, diluyendo únicamente la tinta en las sombras. Retira el agua inmediatamente con un pañuelo de papel para que la tonalidad sea bien suave. Humedece la tinta de los gruesos troncos y sécala inmediatamente en el lado izquierdo, ya que el sol vendrá de esa dirección.

Estructuras hechas por el hombre

La atracción de muchos dibujos es la relación complementaria que existe entre las estructuras artificiales hechas por el hombre y las formas naturales. A menudo resulta más sencillo para los principiantes dibujar edificios y otras estructuras artificiales en vez de árboles y arbustos, por poner un ejemplo. No obstante, hay que andarse con mucho ojo con la perspectiva si el edificio dibujado tiene un ángulo.

En mi caso, normalmente me gusta suavizar los bordes del edificio con algunas hojas de árboles.

Universidad e iglesia Christ Church College, Oxford, Inglaterra

Bolígrafo sobre papel de dibujo.

Calle de Chemin Vert, París, Francia

Rotulador técnico sobre papel de dibujo.

Estos dos dibujos fueron esbozados mientras me tomaba un café matutino. El primero lo hice desde dentro de una cafetería en Oxford y el segundo en la terraza de una cafetería parisina. Capté suficientes referencias como para elaborar un dibujo más minucioso después, en mi estudio.

Granja de vacas en Yorkshire, norte de Inglaterra

Lápiz 4B sobre papel de dibujo. Dibujado desde la ventana del lavabo superior de la casa de campo en la que nos alojábamos, me encantó la imagen de las distintas formas de los edificios de la granja con las vacas pastando apaciblemente. Solo hay que sugerir ligeramente las formas de las vacas, aunque cada una es diferente.

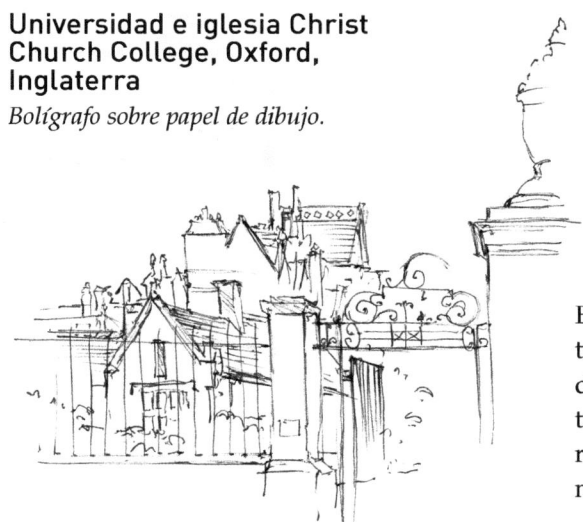

Mermaid Inn, Rye, Inglaterra
Barra de grafito 6B.

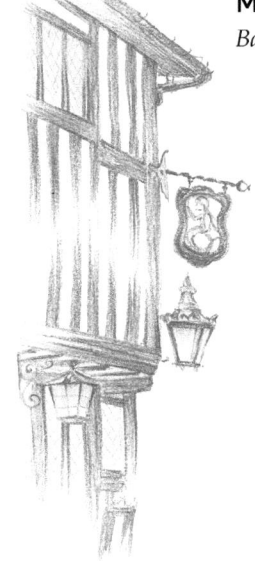

Pisos en Francia
Rotulador técnico.

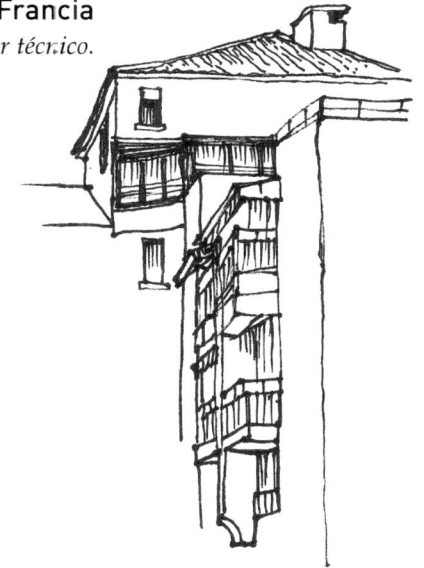

Hay que aprovechar cualquier oportunidad para practicar el dibujo. Dibujé el bar Mermaid Inn mientras me tomaba un café en la terraza y el edificio de pisos lo esbocé mientras esperaba a que llegase el autobús de la zona.

Castillo Crathes, Escocia
Lápiz 4B.

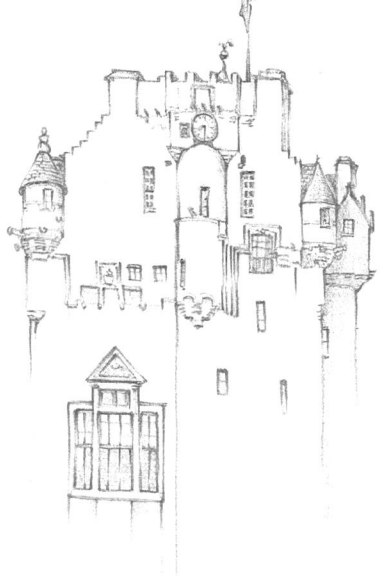

Castillo Fraser, Escocia
Lápiz 4B.

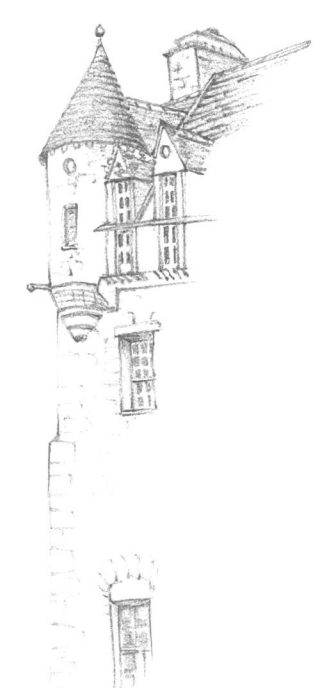

Son dos de los castillos escoceses que más me gustan y que dibujé en solo unos minutos. Me gustan las largas líneas verticales que enfatizan la altura y la posición defensiva de los castillos. Empecé por las torretas que más me interesaban y después continué hacia abajo.

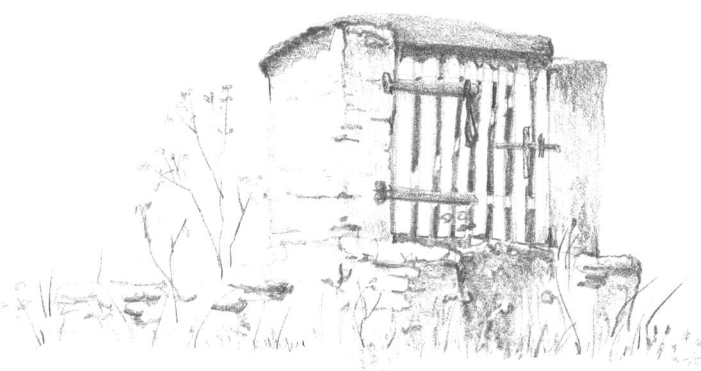

Antigua casa del pozo, La Brosse, Francia
Era un día caluroso y me decidí a sentarme en la hierba para dibujar esta caseta. Las delicadas hierbas contrastan con los tonos fuertes de la casa del pozo que ha sabido soportar el paso del tiempo.

63

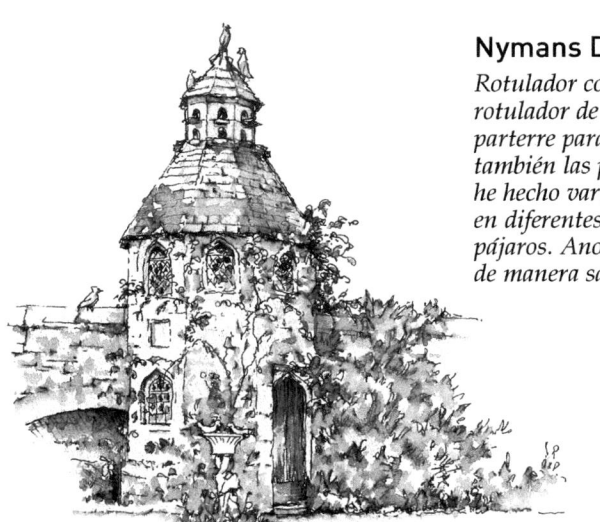

Nymans Dovecote, Sussex, sur de Inglaterra

Rotulador con tinta soluble en agua, humedecido con rotulador de agua. Me senté en un banco al final de un parterre para dibujar esta preciosa estructura, retratando también las palomas que venían y se iban. Desde entonces, he hecho varios dibujos de este tema, con las palomas en diferentes posiciones en el tejado y en el bebedero de pájaros. Anota que el rotulador de agua hay que utilizarlo de manera salteada.

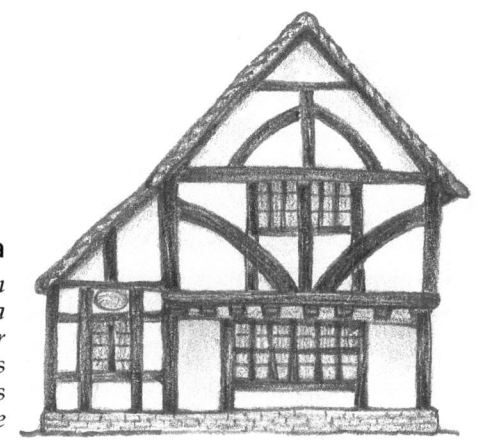

Antigua casa de campo inglesa

Lápiz 2B y 5B. Esta casa de campo de estilo Tudor, con quinientos años de antigüedad, es en la actualidad una tienda en el pueblo donde vivo. Me llamó la atención por lo fácil que es dibujarla de frente. Las vigas verticales están en paralelo al lateral del papel y las principales vigas horizontales están en paralelo a la parte superior e inferior del papel.

Abinger Hammer, Surrey, sur de Inglaterra

Lápiz de acuarela de índigo sobre papel de dibujo A4. Me encanta la textura seca que se consigue cuando se dibuja con un lápiz de acuarela y después se deja secar. El reloj sonó varias veces mientras estaba sentada dibujando a orillas del riachuelo al otro lado de la calle, pero ni el sonido, ni los coches que obstruían mi visión me entorpecieron. Empecé dibujando la torre del reloj y seguí hacia abajo y hacia fuera, variando la presión de los trazos para aportar distintas tonalidades.

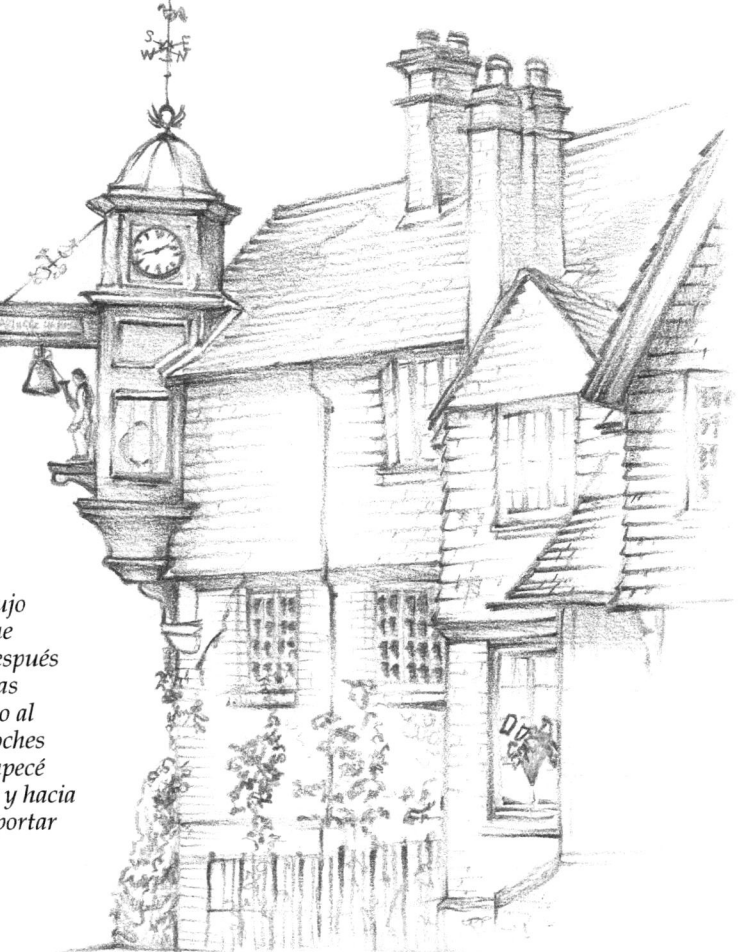

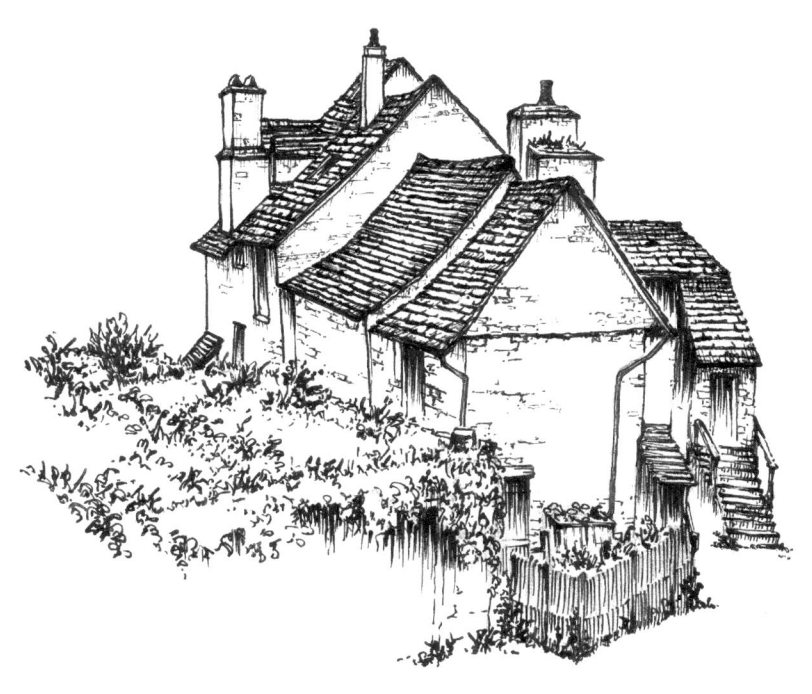

Casa rural sobre la colina con vistas al río Corréze, Francia

Tinta acrílica sobre papel para acuarela de tamaño A4 prensado en caliente de 300 g/m^2 (140 lb). Los ángulos del tejado necesitaban observarse con atención según las reglas de perspectiva, que deben encontrarse en un punto de fuga al nivel de la chimenea, que era mi nivel ocular mientras hacía la fotografía. Todas las paredes y la valla están en paralelo a los laterales del papel. Las partes del edificio en la parte derecha están mirándome, así que están en paralelo a la parte superior e inferior del papel, tal y como se ve en el diagrama. Hay más tonalidad y textura en los tejados para contrastar con las paredes, de un color muy claro.

Casa de campo francesa

Tinta acrílica. Utilicé un lápiz de acuarela de tono azul claro para trazar el contorno y la estructura principal del edificio antes de utilizar una pluma para pintarlo con tinta. Los árboles de la parte trasera aportan una especie de marco a la casa y hacen que esta cobre el primer plano. Hacía mucho calor ese día así que me senté bajo el sol para trabajar el dibujo protegiéndome con un sombrero y con repelente de mosquitos.

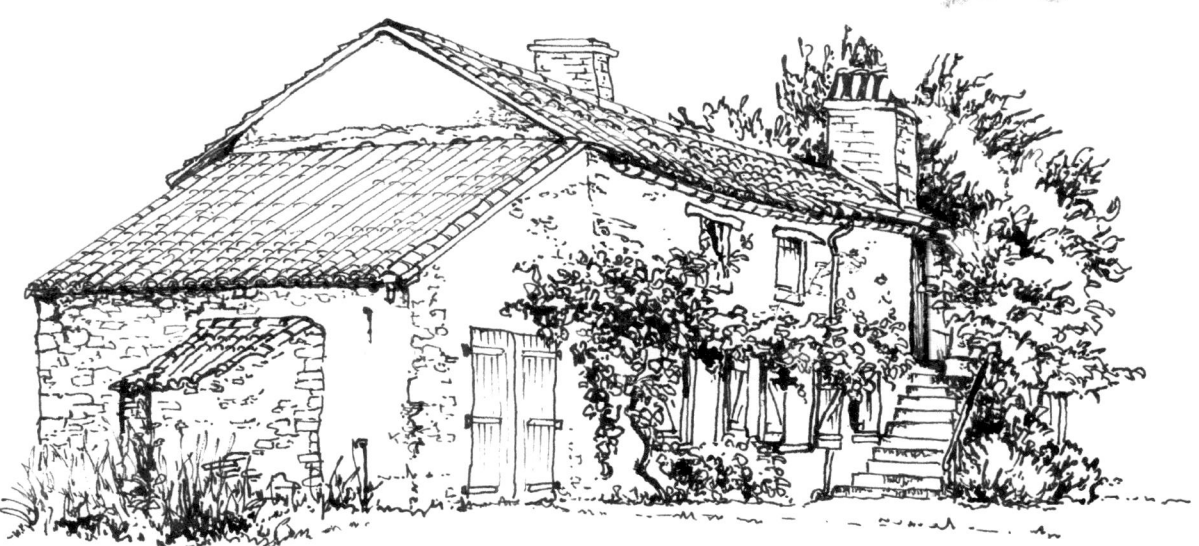

LA CASA DE CAMPO DE ANN HATHAWAY

Esta pintoresca casa de campo de estilo Tudor del siglo XV fue en su día una granja familiar de la que sería la mujer de Shakespeare. Me pareció muy bonita y un buen objeto de dibujo, con tejado de paja de textura basta y tonos con gran contraste entre las vigas y las paredes rebozadas de cal. Es un dibujo centrado en el edificio, de distintos niveles y numerosas chimeneas para repartir el calor en invierno. Hice las fotografías en primavera y después otras más tarde, en verano, después de que las paredes hubiesen sido repintadas de blanco. Es muy útil contar con fotografías para trabajar desde distintos ángulos.

MATERIAL

Lápices de grafito 1B, 2B, 7B, 5B, HB y 4B

Papel para acuarelas prensado en frío de tamaño A4

Goma de borrar

Papel de calco

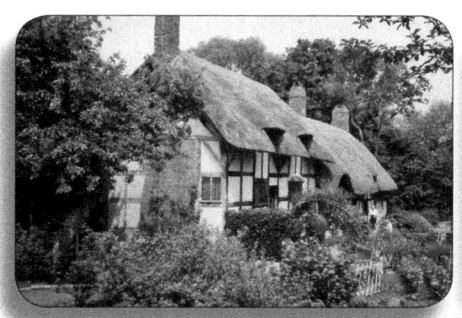
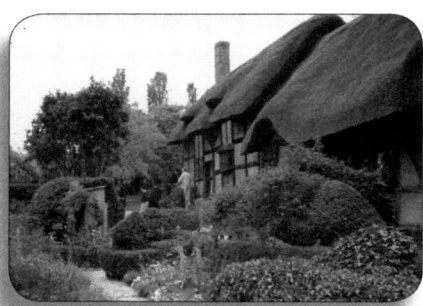
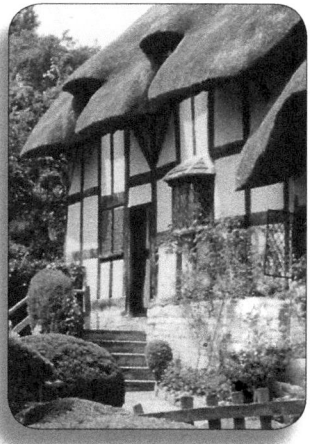

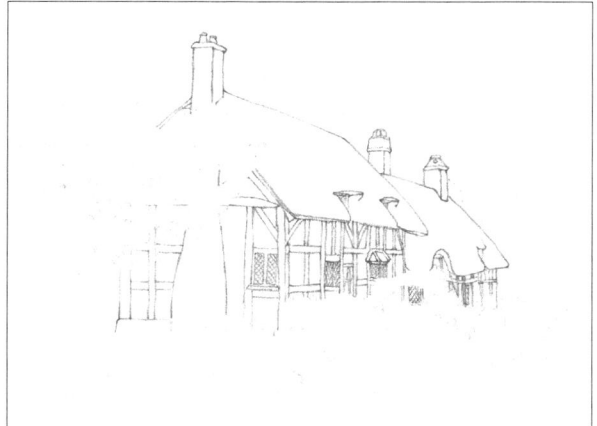

1 Dibuja el contorno de la casa de campo con un lápiz 1B. Asegúrate de que las vigas superiores estén en paralelo a los laterales del papel y deja huecos donde las plantas y los árboles podrían solaparse. Utiliza un trozo de papel de calco o acetato bajo la mano con la que dibujas para evitar que se corra el grafito.

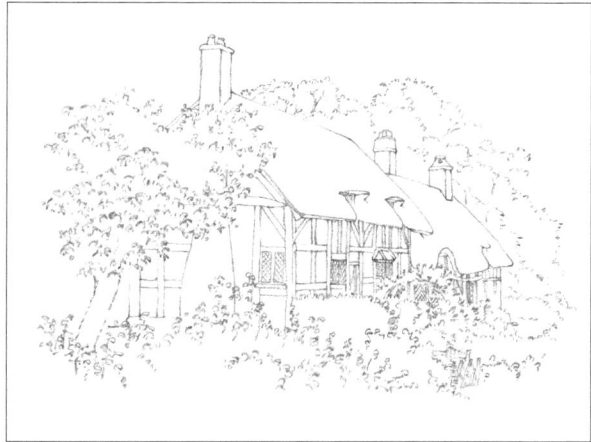

2 Con el lápiz 2B dibuja las posiciones de los árboles, los arbustos y el jardín que rodean la casa con pequeñas formas curvadas y entrecortadas.

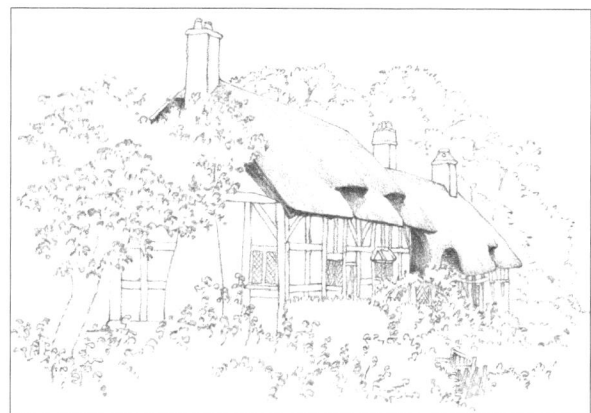

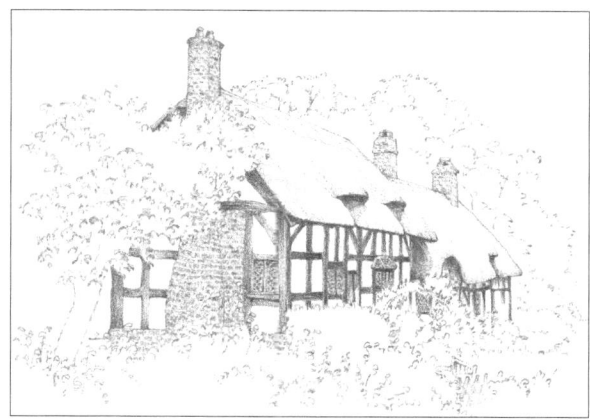

3 Tejado de cañizo con manojos de juncos secos.
Los tallos de trigo secos, más fáciles de apilar, se
utilizan para crear la parte superior y se fijan con
material más duro. Con una goma de borrar, suaviza
la línea entre las dos secciones de tejado y después,
con un lápiz 2B, da la tonalidad y textura al tejado
con trazos angulados ligeramente más oscuros en el
borde inferior. A continuación, con un lápiz 6B, colorea
las sombras más oscuras en torno a las buhardillas
situadas en los laterales del tejado.

4 Acto seguido rellena las vigas con un lápiz 7B en
dirección a la longitud de la viga, en un tono más claro
en la pared de enfrente. Da tonalidad con un lápiz 5B
a los pequeños cristales con forma de rombo entre las
uniones de plomo, dejando algunas líneas en diagonal
del color del papel. Dibuja las líneas del mortero
entre los ladrillos con lápz HB y después oscurece los
ladrillos por separado con lápiz 4B. Colorea algunos
en un tono más oscuro que otros, al azar. Haz lo
mismo con las chimeneas.

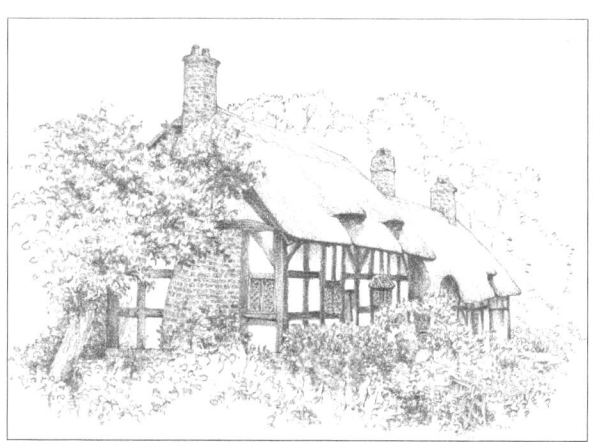

5 Con movimientos orgánicos circulares con lápiz 5B
y 7B dibuja primero las hojas más oscuras del árbol,
observando atentamente la fotografía de referencia,
y prosigue con las hojas más claras. Oscurece la
parte trasera del tronco, la que permanece en la
sombra. Incorpora el banco y la valla entramada con
las plantas del jardín pero sin mucho detalle. Deja
en blanco algunas partes del jardín alrededor de las
plantas para que el dibujo no quede muy apelotonado.

El dibujo acabado

*En la fase final hay que dibujar los
árboles de detrás de la casa con tonos
oscuros de lápiz 7B. Así, la casa
quedará enmarcada y parecerá que
esté más cerca del espectador. Ajusta
las líneas de mortero y los ladrillos
en la base de la chimenea más grande
para que parezca plana, en paralelo a
la pared. Con una goma, ilumina el
lado derecho de la chimenea para que
parezca que capta la luz. Las otras
dos chimeneas también deberían
iluminarse en el lado derecho para
conseguir un efecto tridimensional.*

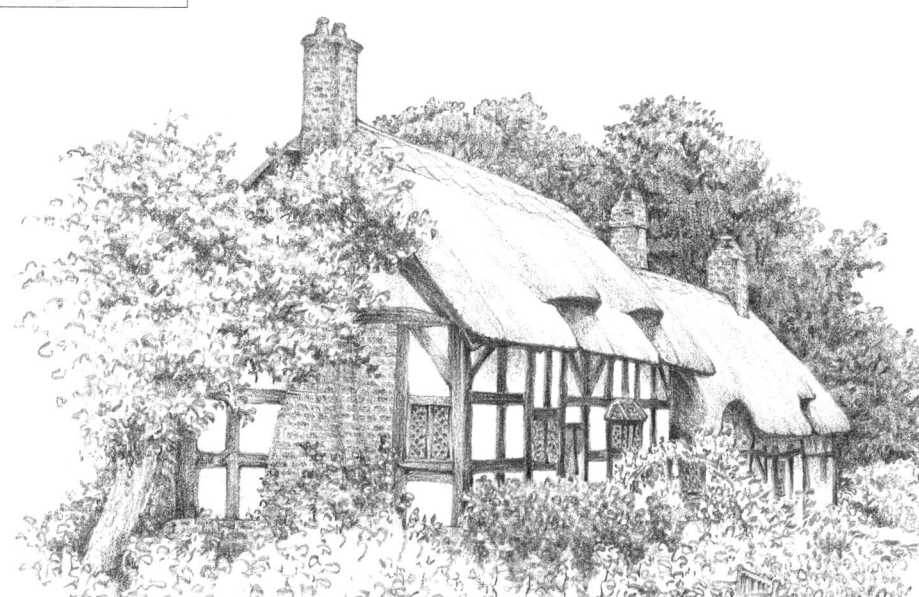

Figuras

Dibuja las figuras en el paisaje para otorgar vida, movimiento y proporciones al dibujo. Hay que asegurarse de que tengan el tamaño correcto para la escala del trabajo, tanto si las estás trasladando de unos esbozos hechos en un bloc de dibujo como de otro material de referencia. Me fascina dibujar a gente, ya que las formas tanto individuales como grupales son siempre intrigantes. Para conseguir una pose natural me gusta dibujar cuando no son conscientes de que les estoy retratando.

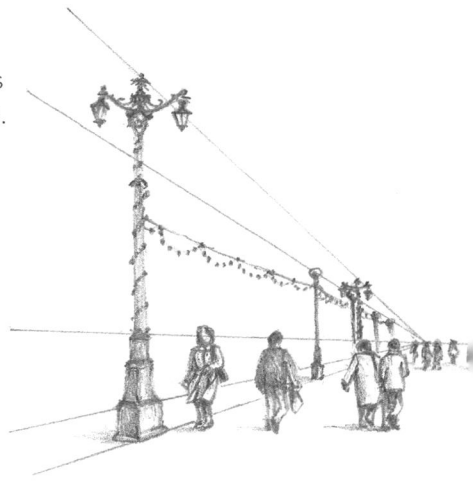

Paseo de Brighton

Lápiz 2B sobre papel para acuarela de 300 g/m² (140 lb). Si dibujas de pie, a nivel de la superficie, la cabeza te quedará aproximadamente a la misma altura que la de la mayoría de adultos, así que las cabezas de tu dibujo deberían quedar al nivel de tus ojos. El tamaño de la gente irá disminuyendo a medida que se alejen, subiendo el nivel de los pies y acercándolo a la línea de visión.

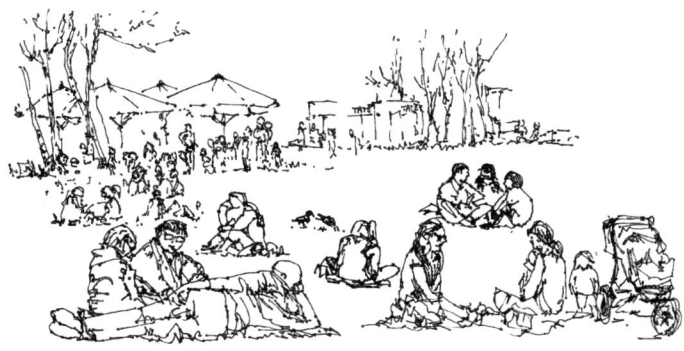

Picnic sobre la hierba en el exterior del museo Tate Modern, Londres

Rotulador técnico sobre bloc de dibujo A4. Estaba sentada sobre un muro, por encima de la gente que estaba sentada en el césped, así que el nivel de sus cabezas va subiendo en el papel a medida que la persona está más lejos.

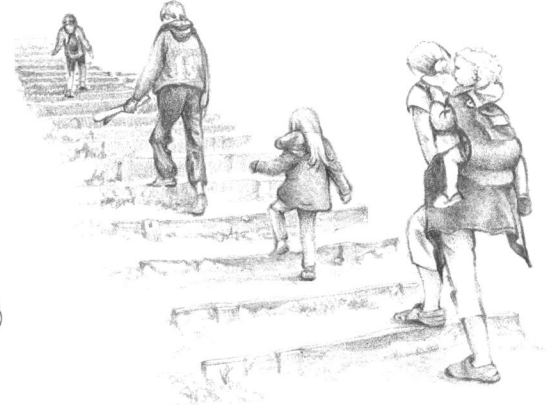

Subiendo por la montaña de Box Hill, en Surrey, sur de Inglaterra

Lápiz 2B sobre papel para acuarela prensado en caliente de 300 g/m² (140 lb). A medida que las figuras ascienden, el nivel de las cabezas también aumenta, pero en proporción a la altura de la persona.

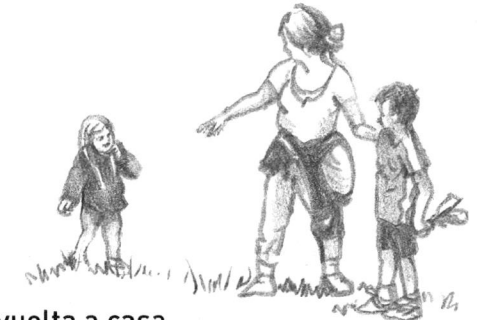

De vuelta a casa

Lápiz 2B sobre papel para acuarela de 300 g/m² (140 lb). En este dibujo y en el de la derecha la relación de las figuras entre sí crea unas formas y unos patrones muy interesantes.

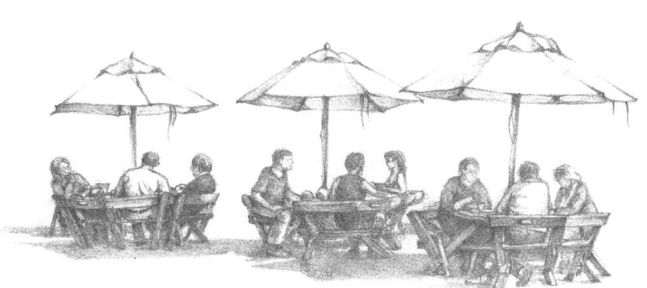

Cenando en la terraza

Lápiz B sobre papel para acuarela 300 g/m² (140 lb).

UTILIZAR FOTOGRAFÍAS

No es muy habitual, pero para este dibujo conté con una modelo a la que hice varias fotos y por eso pude trabajar en el estudio. Si trabajas con fotografías resulta mucho más complicado captar el movimiento de la persona.

Millie en el parque
Lápiz B sobre papel para acuarela de 300 g/m² (140 lb).

HACER ESBOZOS EN VACACIONES

Uno de mis pasatiempos preferidos es llevar el bloc de dibujo y retratar a la gente sin que lo sepa. A veces se alejan después de que ya haya empezado a dibujarlos así que tengo que acabarlo fijándome en otras personas que estén en posiciones similares. Por ejemplo, en un mercado la gente que se acerca a los puestos suele adoptar las mismas poses y la gente que descansa de vacaciones también suele estirarse en posiciones parecidas.

Relajación en Tenerife
Lápiz de grafito en bloc de dibujo A4.

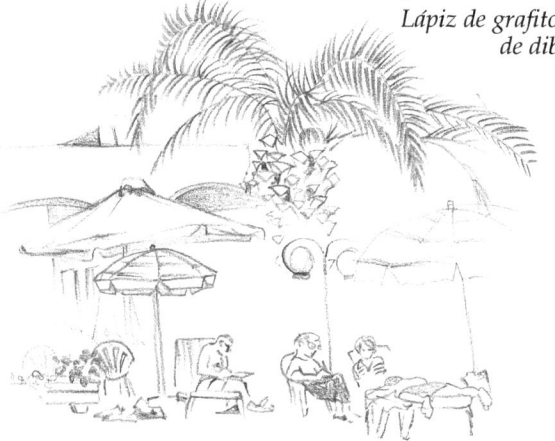

Puesto de flores en un mercado portugués
Tinta soluble en agua sobre un papel de dibujo A4.

Tarn Hows
Rotulador soluble en agua sobre bloc de dibujo. ¡Tanto la gente como los patos se movían sin cesar!

Colliure, Francia
Lápiz B sobre bloc de dibujo. La gente en la playa se ve muy diminuta como para captar bien las dimensiones. Hice el dibujo sentada en un restaurante mientras esperaba a que me sirviesen la comida.

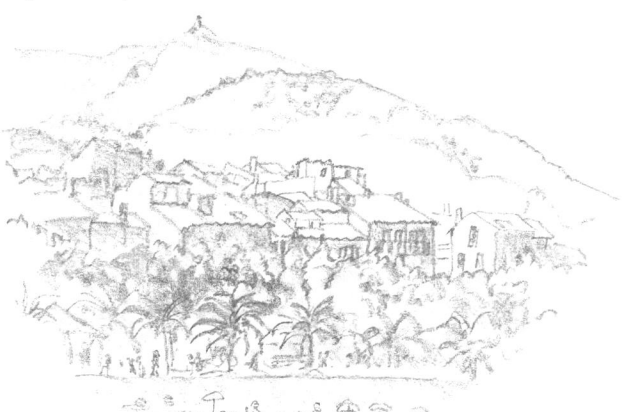

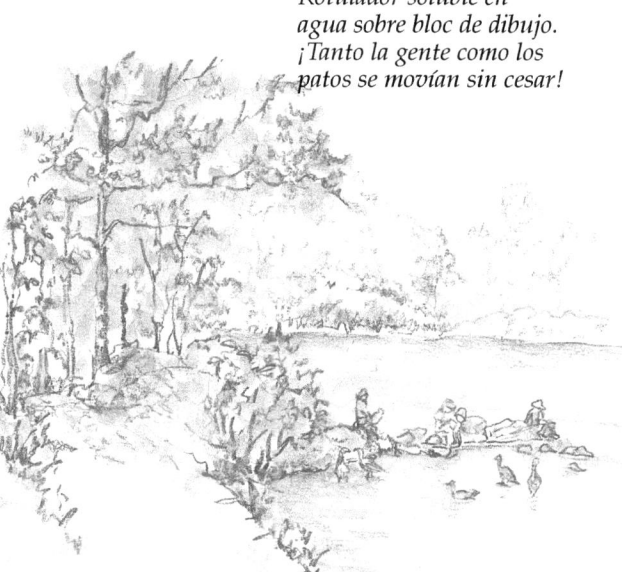

De camino al bosque

Me gusta pasear a mi perra en estos campos cercanos a mi casa porque me encanta la forma de estos árboles que antaño rodeaban una granja. Ahora es una zona que gestiona el Woodland Trust, asociación que se dedica a la conservación de los bosques en Gran Bretaña, y se encarga de fomentar el crecimiento natural de flores silvestres. Hice una pintura de este paisaje —que aquí he reproducido en blanco y negro—, que es la que voy a utilizar como referencia para este dibujo.

MATERIAL

Papel para colores pastel de velvetón en tono gris claro

Colores pastel extra blandos: blanco, gris y negro

Lápices pastel: blanco, gris y negro

Goma de borrar

Papel de calco

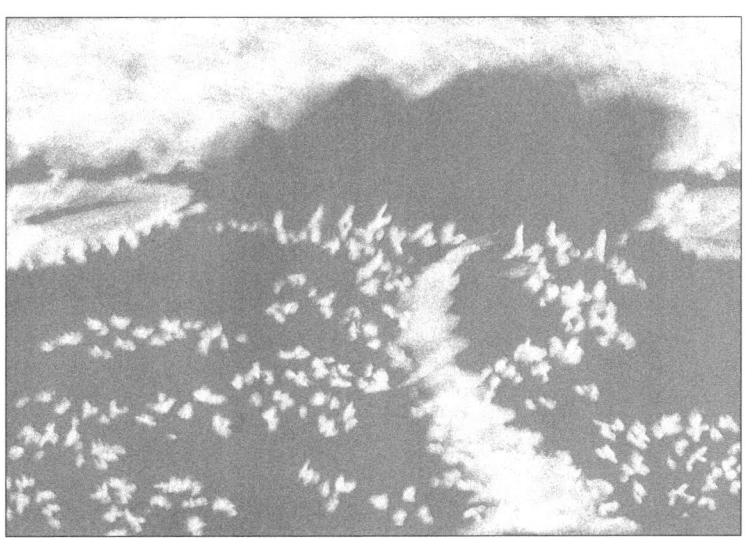

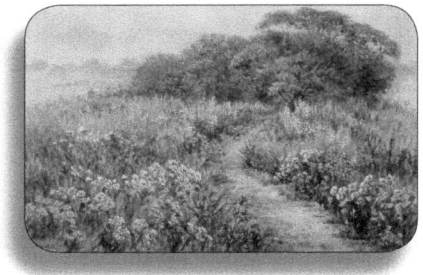

1 Cubre la zona del cielo con pasteles extra blandos, dejando que en algunos momentos se deje traslucir el color gris del papel. Añade tono al camino e incorpora capullitos de flores.

2 Coloca un trozo de papel de calco debajo de la mano con la que dibujas para evitar que se corran las líneas y los colores. Con el pastel negro, marca con trazos cortos —pero aplicando bastante presión— los tonos más oscuros de los árboles y las plantas y después marca los tonos más claros con trazos cortos y suaves y con puntos.

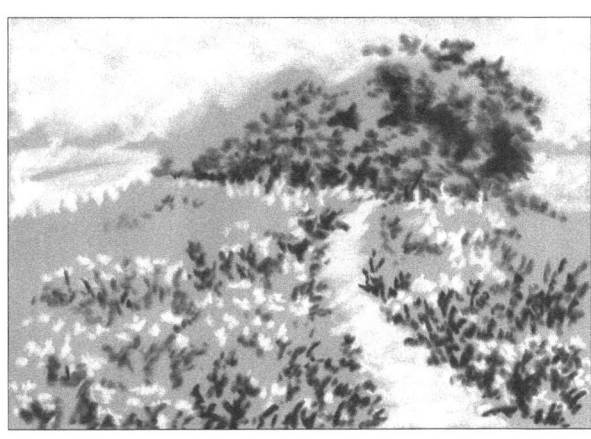

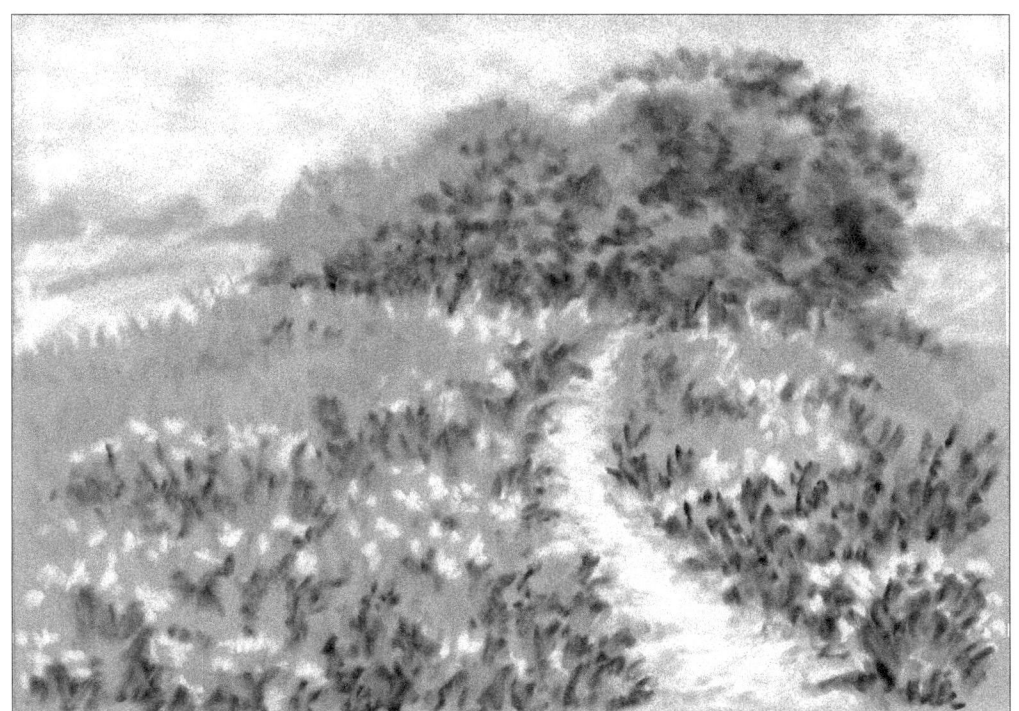

3 Utiliza el pastel gris para hacer trazos cortos para las tonalidades intermedias de los árboles y también para los prados entre las flores.

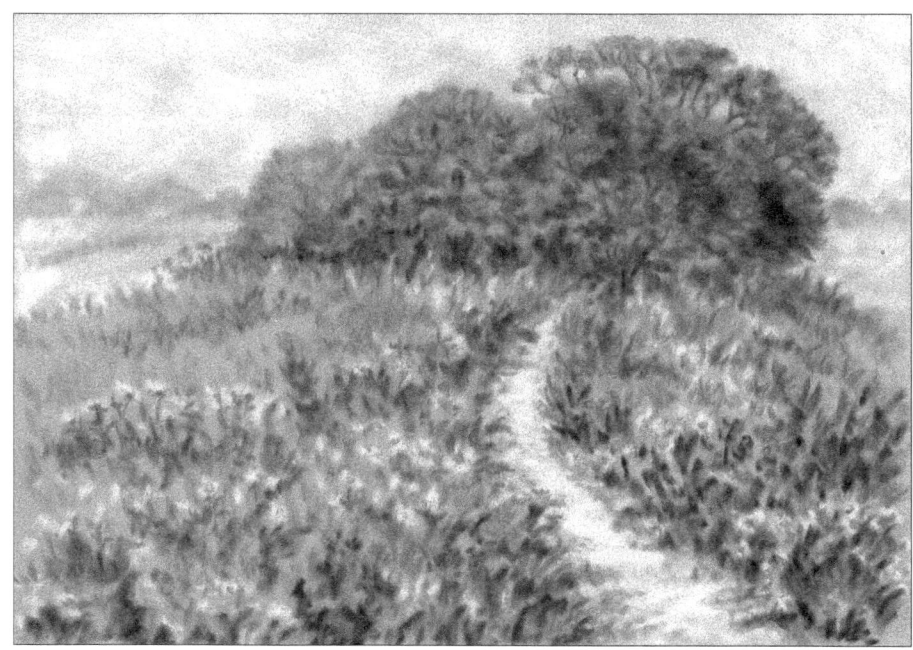

4 Con lápiz pastel en tono gris realiza líneas curvadas y precisas que simularán las ramas de los árboles y los tallos de las flores.

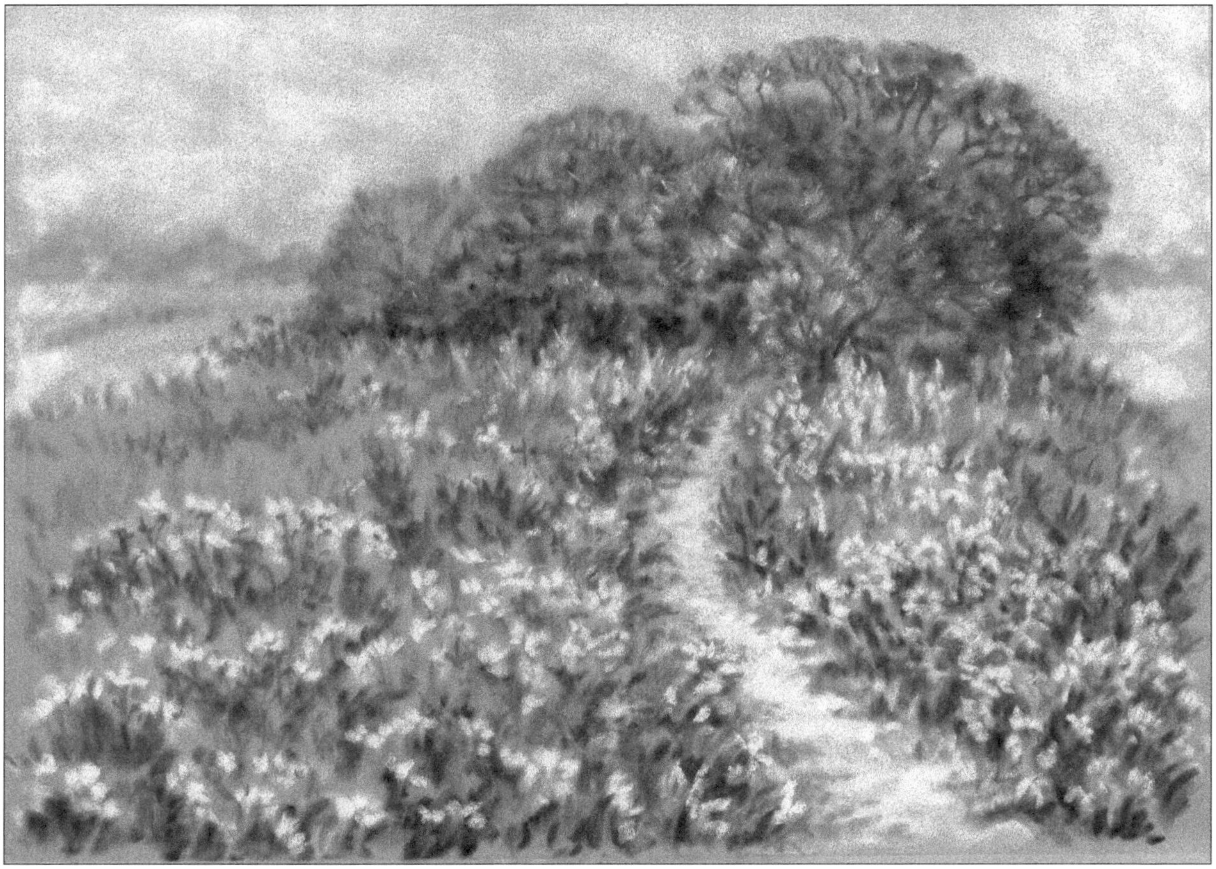

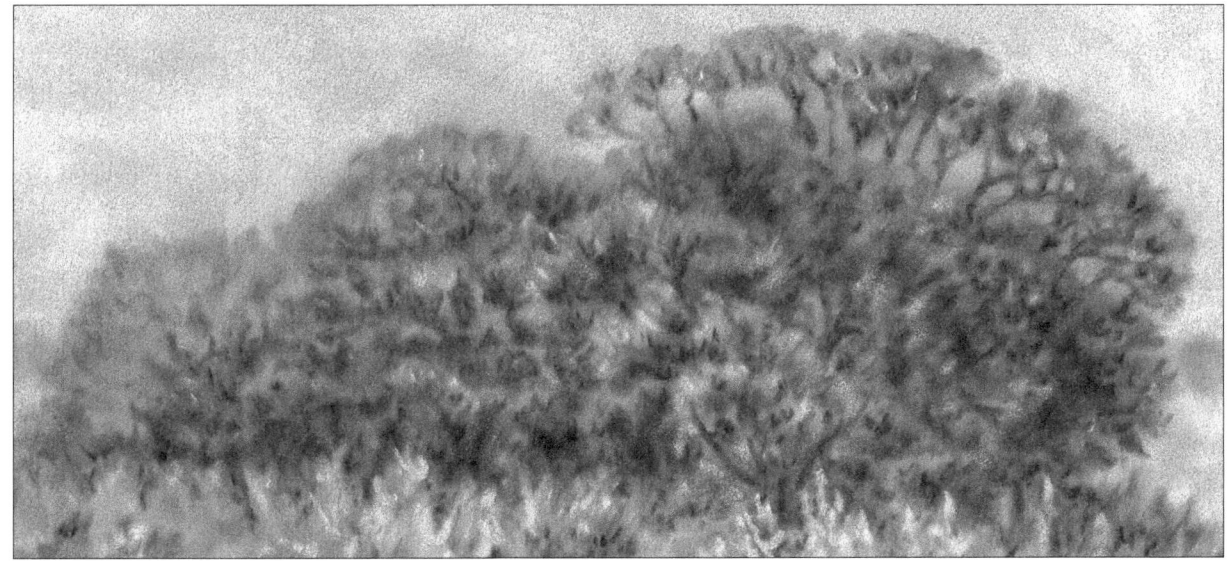

5 Mezcla unos trazos con lápiz pastel blanco para suavizar los tonos de algunas hojas de los árboles. Con el pastel blando blanco, marca los tonos más claros de los árboles y añade unos pétalos extra a las margaritas del fondo.

6 Ensalza un poco las ramas y las hojas con el lápiz pastel negro.

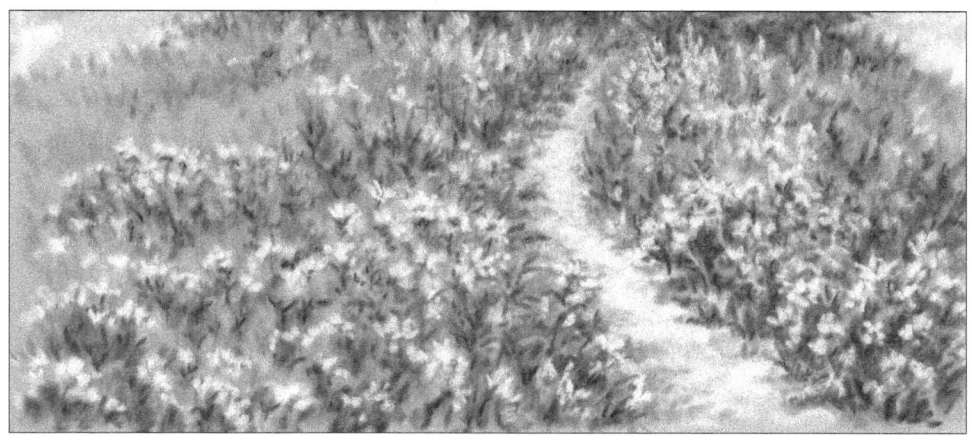

7 Con lápiz pastel negro, refuerza los tallos de las flores y haz unos puntos que marquen la sombra del centro de las margaritas y también algunas hojas más oscuras.

El dibujo acabado

Con un lápiz pastel gris, sugiere la textura del sendero con algunas piedras. Después añade un poco de blanco en el cielo entre las ramas más altas, coloca un trocito de pastel sobre su lateral y aclara un poco los tonos de la hierba entre las flores silvestres con trazos muy suaves y descendientes.

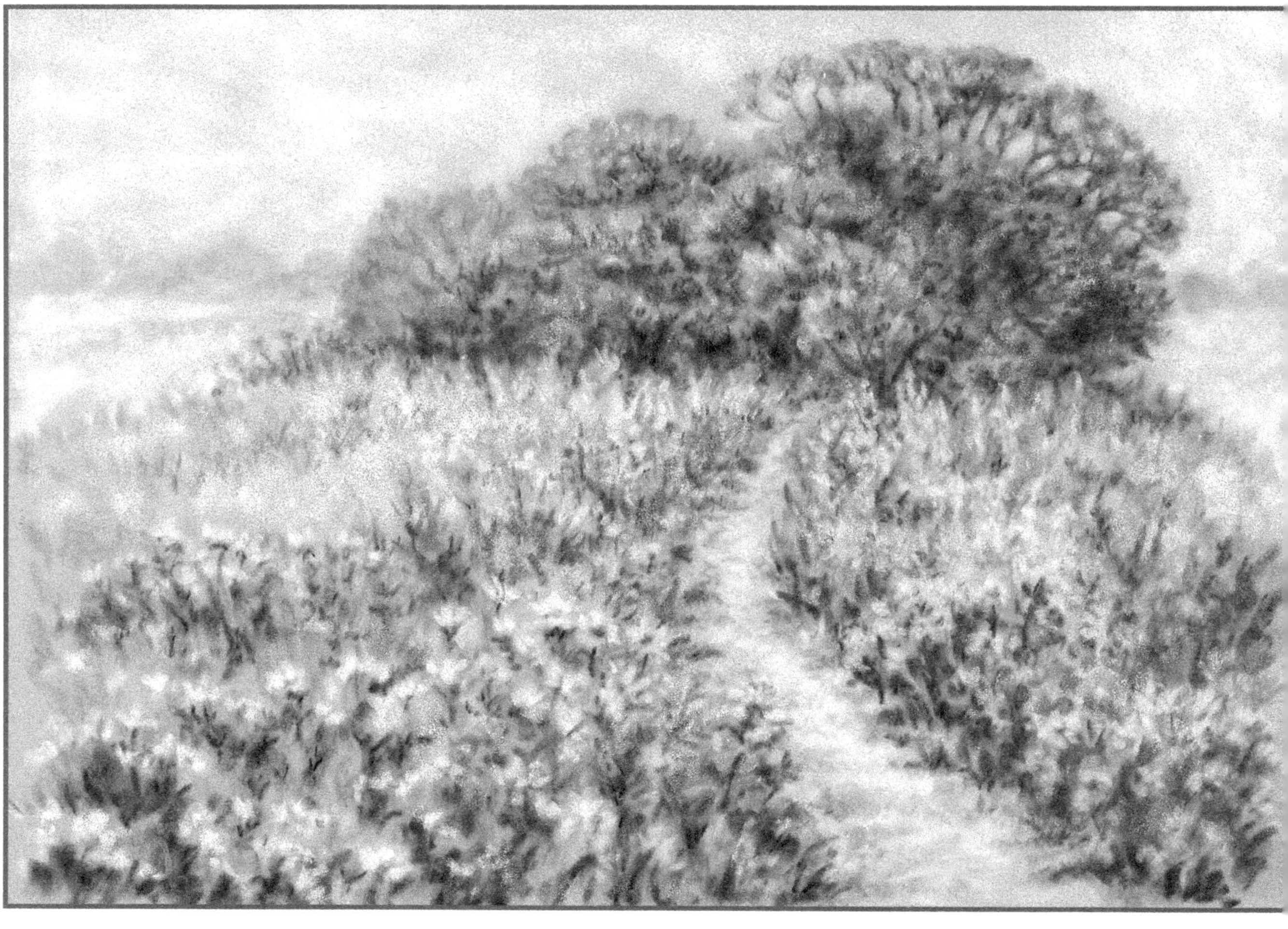

El granero de la granja de los Canon

Cuando, pasando por un camino por el campo, vi este granero, supe de inmediato que sería un tema fantástico para un cuadro. Los edificios adyacentes —con hiedra en las paredes y una valla con cinco barras— estaban también en un estado bastante deteriorado. Empecé haciendo unos bocetos y fotografiándolo en verano cuando las balas de heno estaban dentro. Después volví a ir al cabo de unos meses cuando estaba cubierto de nieve. El fuerte contraste de tonos que provocaba la nieve realzaba el paisaje, así que le hice unas cuantas fotos más. Aquí podéis ver a mi paciente perra, Gemma, esperando al lado de la valla.

MATERIAL

Papel para acuarela prensado en caliente tamaño A4 de 300 g/m² (140 lb)

Lápiz B

Goma de borrar

Pluma de bambú pequeña

Tinta acrílica

Rotulador de agua

Pluma metálica

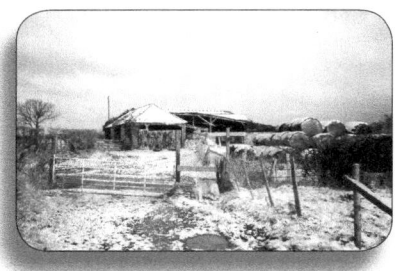

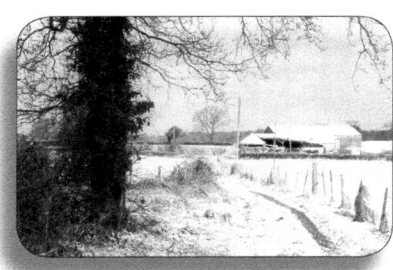

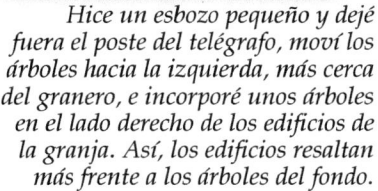

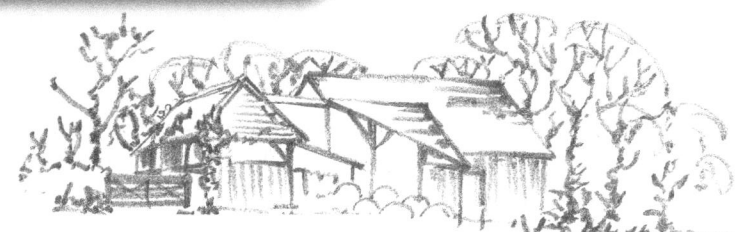

Hice un esbozo pequeño y dejé fuera el poste del telégrafo, moví los árboles hacia la izquierda, más cerca del granero, e incorporé unos árboles en el lado derecho de los edificios de la granja. Así, los edificios resaltan más frente a los árboles del fondo.

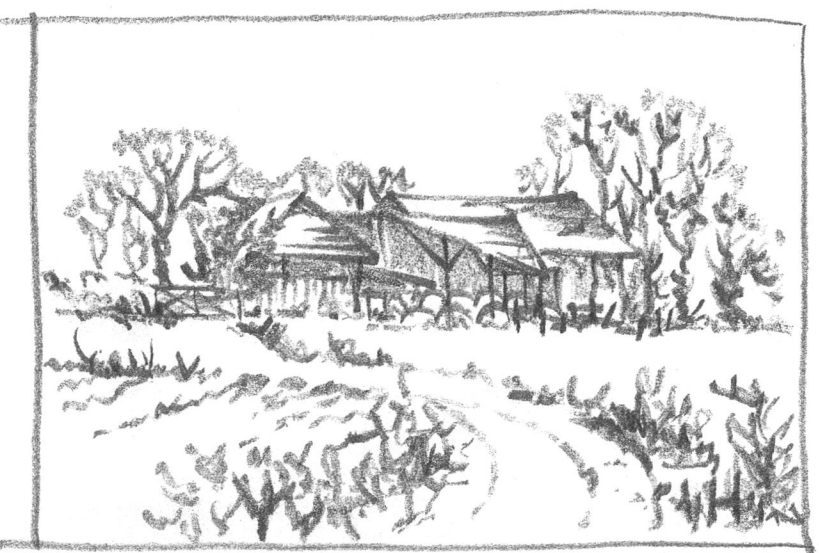

Este boceto pequeño lo realicé para estudiar toda la composición, haciendo que el camino conduzca al ojo del espectador directamente hacia el tema focal y omitiendo la valla, ya que obstruye la vista.

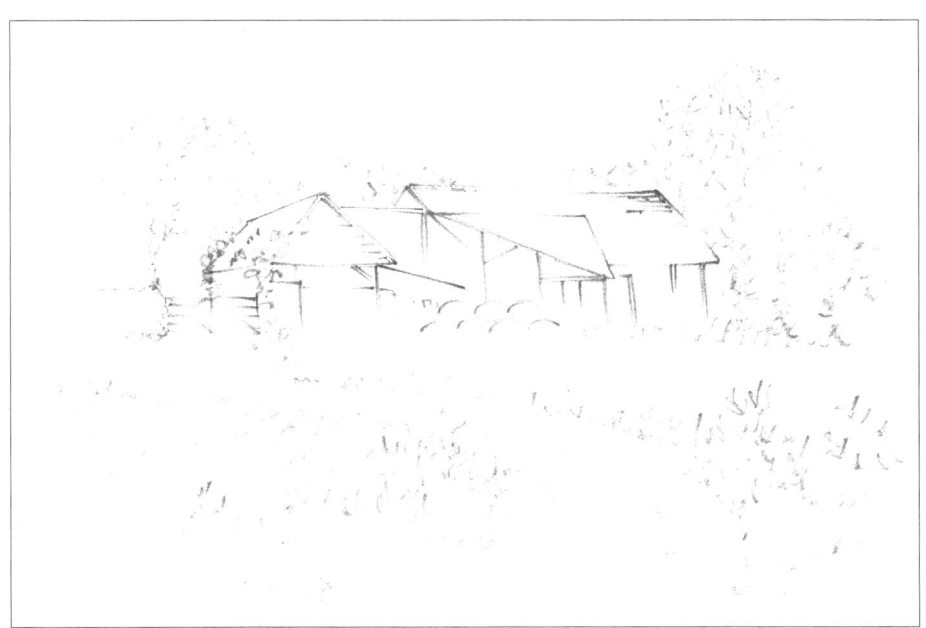

1 Dibuja la composición con un lápiz B, sin apretar demasiado, para asegurarte de que todo esté en la posición correcta. Si cometes algún error en esta fase puedes utilizar la goma para borrar las marcas indeseadas y no se dañará la superficie del papel.

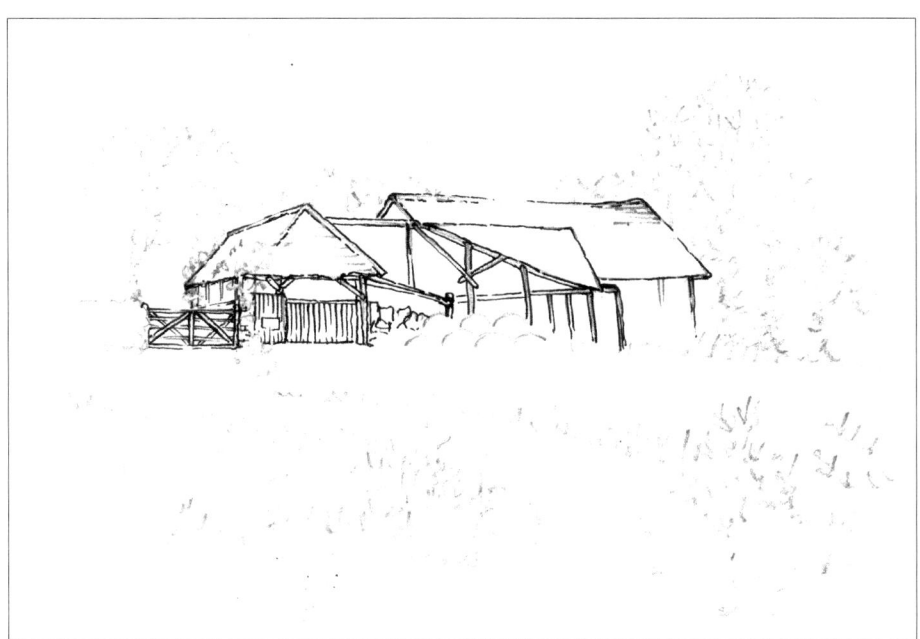

2 El siguiente paso es dibujar los edificios con tinta acrílica y la pluma de metal, utilizando las guías marcadas con lápiz a modo de guía. Debes tener cuidado con no hacer borrones con la tinta húmeda al pasar la mano por el dibujo. Si te resulta complicado utilizar una pluma también puedes utilizar un rotulador técnico, que se seca inmediatamente. Muchas líneas de tinta no son continuas, ya que dejan espacios en blanco para solapar la nieve y la hiedra.

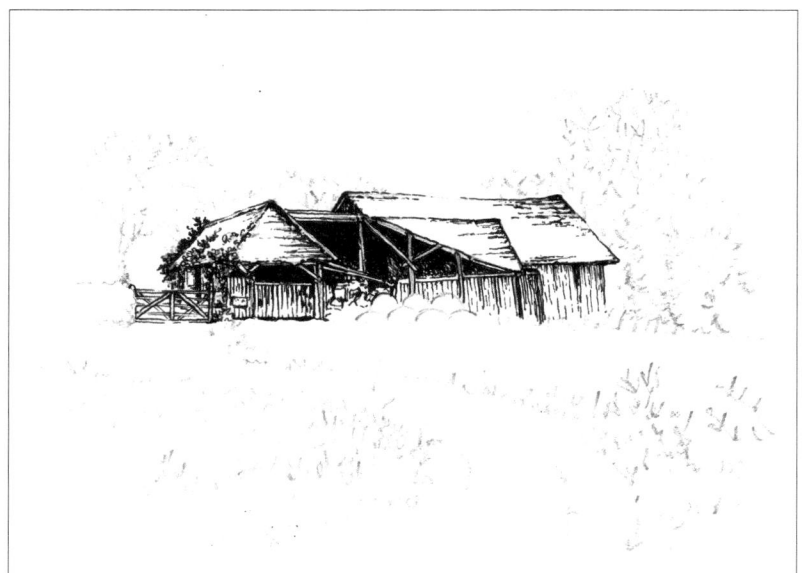

3 Con tinta acrílica, dibuja con detalle las hiedras sobre el granero, las zonas del tejado donde la nieve se habrá derretido, los laterales de madera de los edificios, la valla y el interior oscuro del granero.

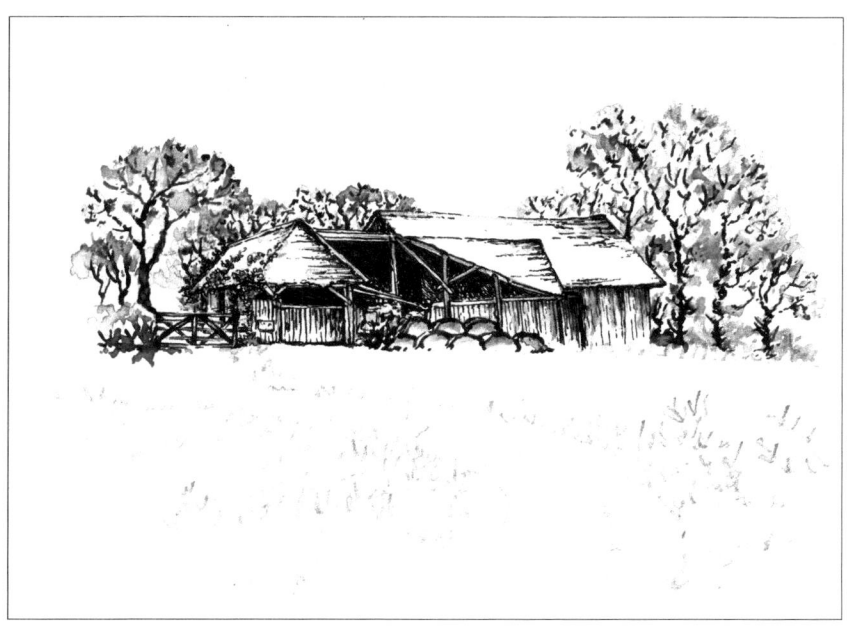

4 Con una pluma de bambú y tinta acrílica dibuja los troncos y las hojas de los árboles, dejando unos huecos para que dé la impresión de que las hojas más claras y las zonas cubiertas por la nieve están enfrente de algunas de las ramas. Antes de que se seque cada uno de los grupos de árboles, utiliza un rotulador de agua para diluir y extender un poco de la tinta de modo que represente el follaje en un tono más claro. Con un poco de tinta diluida en rotulador de agua, añade tonos más claros sin demasiada precisión en las zonas de los tejados donde la nieve se ha derretido y en las paredes y puertas. Dibuja las formas de las balas de heno con el rotulador de bambú y extiende un poco la tinta antes de que se seque para aportar un tono más claro en los extremos redondeados.

5 Con la pluma de bambú y la tinta acrílica, dibuja a grandes rasgos la forma del camino que lleva hasta los edificios así como algunos arbustos y plantas. Deja algunos huecos al azar sin dibujar, así como algunas marcas densas de tinta. Deja que se seque bien.

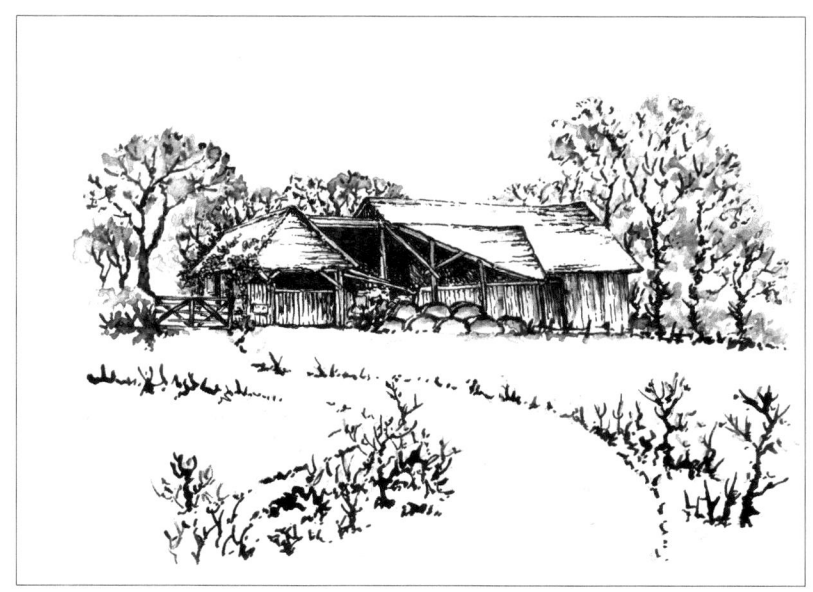

El dibujo acabado

Se pueden añadir unos toques en la fase final. Añadí unas ramas más en los arbustos que hay en el fondo y, antes de que se secasen, utilicé el rotulador de aguja para extender las marcas y crear tonos más claros alrededor de los arbustos, en el camino y en los surcos del campo. También incorporé unas ramitas en el árbol más grande que se ve en el lado izquierdo y borré unas líneas de lápiz que ya no necesitaba.

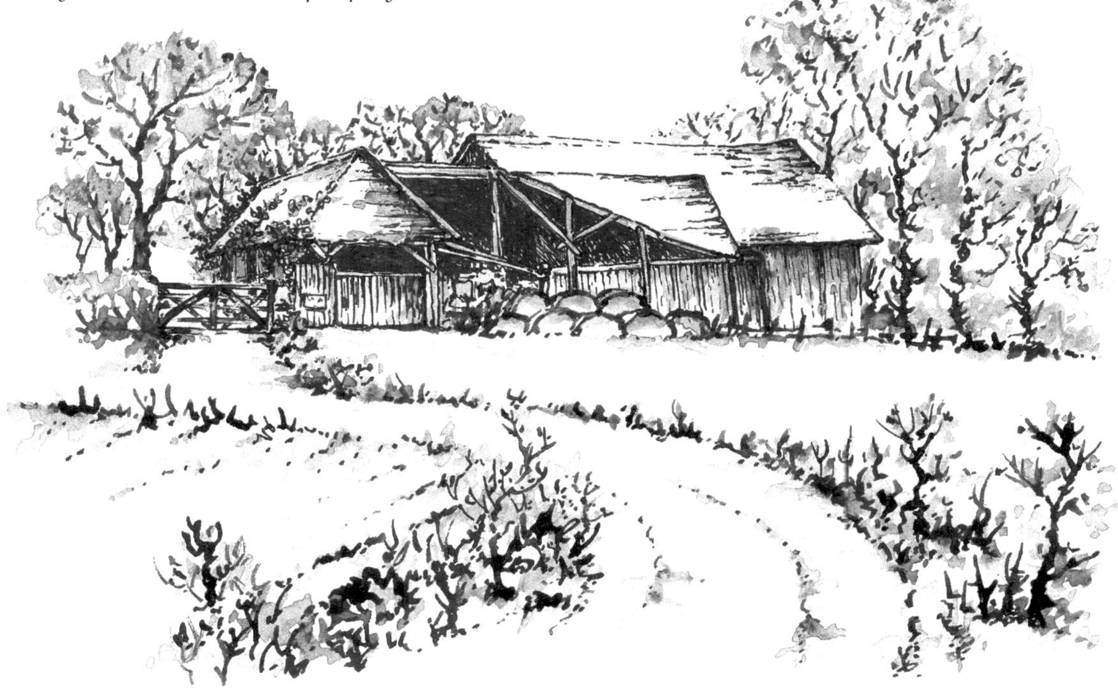

Montañas

Una tarde salimos a hacer una escapada a Escocia con un todoterreno, guiados por un guarda del Parque Nacional de Cairngorms. Cairngorm es la cordillera más alta y grande de Gran Bretaña. Observamos una gran variedad de flora y fauna y nos dijeron que la razón por la que el paisaje parece hecho con retales de diferentes colores es precisamente para adecuarse a los animales que habitan en el territorio. Me encantó y fue una excursión que me llenó de energía y donde pude respirar un aire puro, limpio y fresco. Las vistas de los valles desde arriba son impresionantes pero me gustó especialmente este grupo de picos y cómo crecía el brezo de manera irregular entre los árboles, las casas, los serpenteantes caminos, las carreteras y los ríos.

MATERIAL

Papel para acuarela prensado en caliente de 300 g/m² (140 lb)

Lápices de grafito: B, 2B, 3B, 4B, 6B y 8B

Una goma de borrar

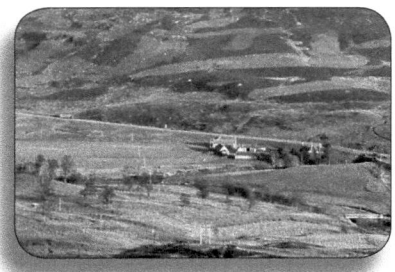 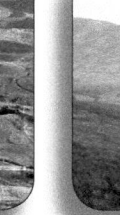 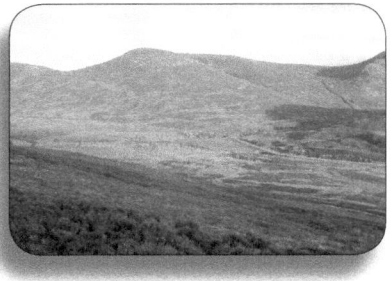 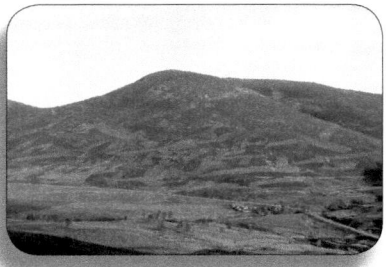

Las fotografías de referencia.

Pude observar un patrón de líneas en este paisaje, así que lo primero que hice antes de empezar el dibujo fue hacer este borrador con distintos tonos.

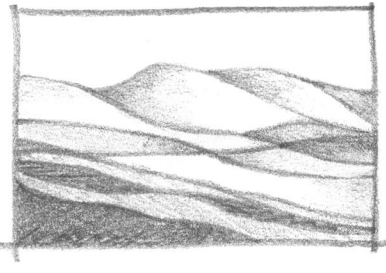

I Dibuja el contorno de las líneas en un papel con un lápiz HB.

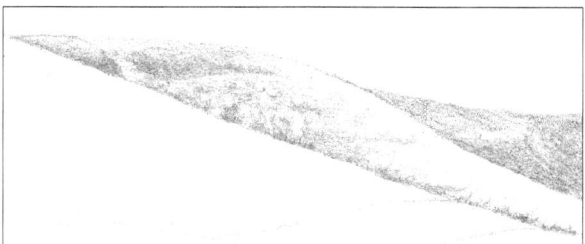

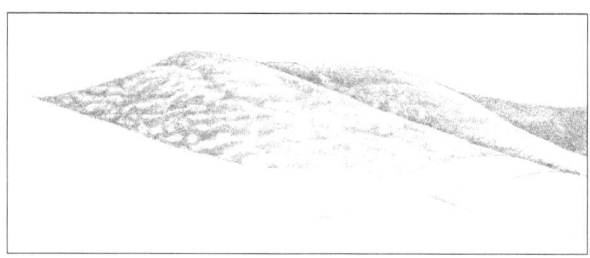

2 Da tono a las laderas más lejanas con lápices 2B y 4B, mostrando cómo crece el brezo en los lados más sombríos. Se debe poder advertir que la luz proviene del lado derecho.

3 Ahora colorea la parte central de la montaña con lápices de grafito 2B y 4B, enfatizando las zonas en las que crece el brezo, con la finalidad de crear un mayor contraste.

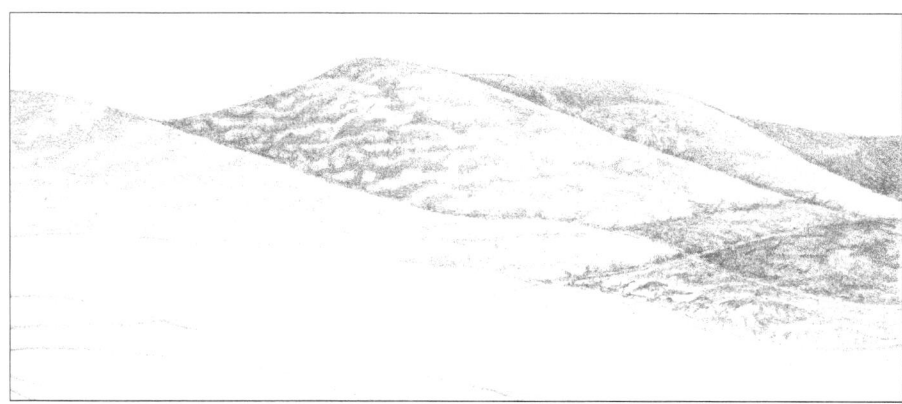

4 Colorea las partes más bajas de las laderas con lápices 2B, 4B y 6B.

5 Dibuja el brezo que hay en primer plano con lápices de grafito 6B y 8B, empleando trazos cortos y firmes para representar las hojas y las sombras, y con pequeños puntos o marcas curvadas, las flores. En el dibujo se hacen evidentes los diferentes patrones de ondulación que crea el terreno. El brezo más oscuro en la parte baja del papel hace que el observador centre la vista en el pueblecito y en las cimas que lo enmarcan por detrás.

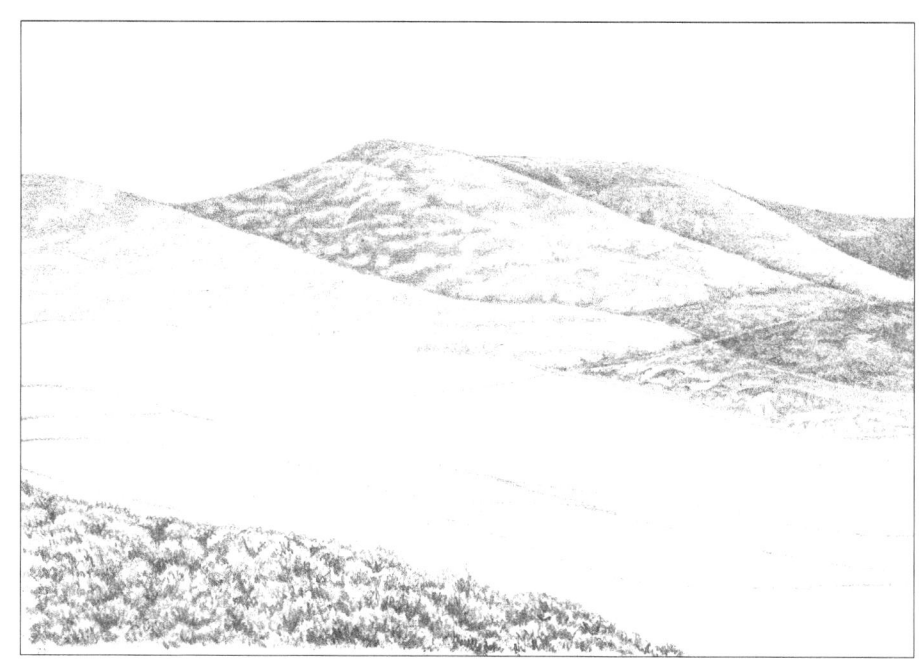

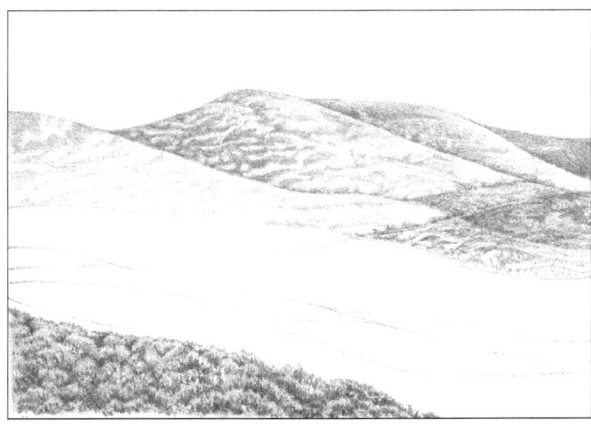

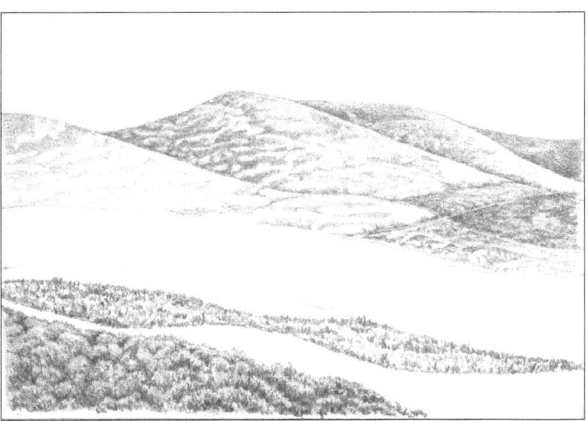

6 Colorea con muy poca presión las partes más claras de esta zona en primer plano con un lápiz 2B, ya que es una zona a la que le da la sombra. Utiliza unos trazos curvados muy suaves.

7 Dibuja la zona más lejana de brezo en esta ladera, con suaves trazos hechos con lápices 2B y 3B.

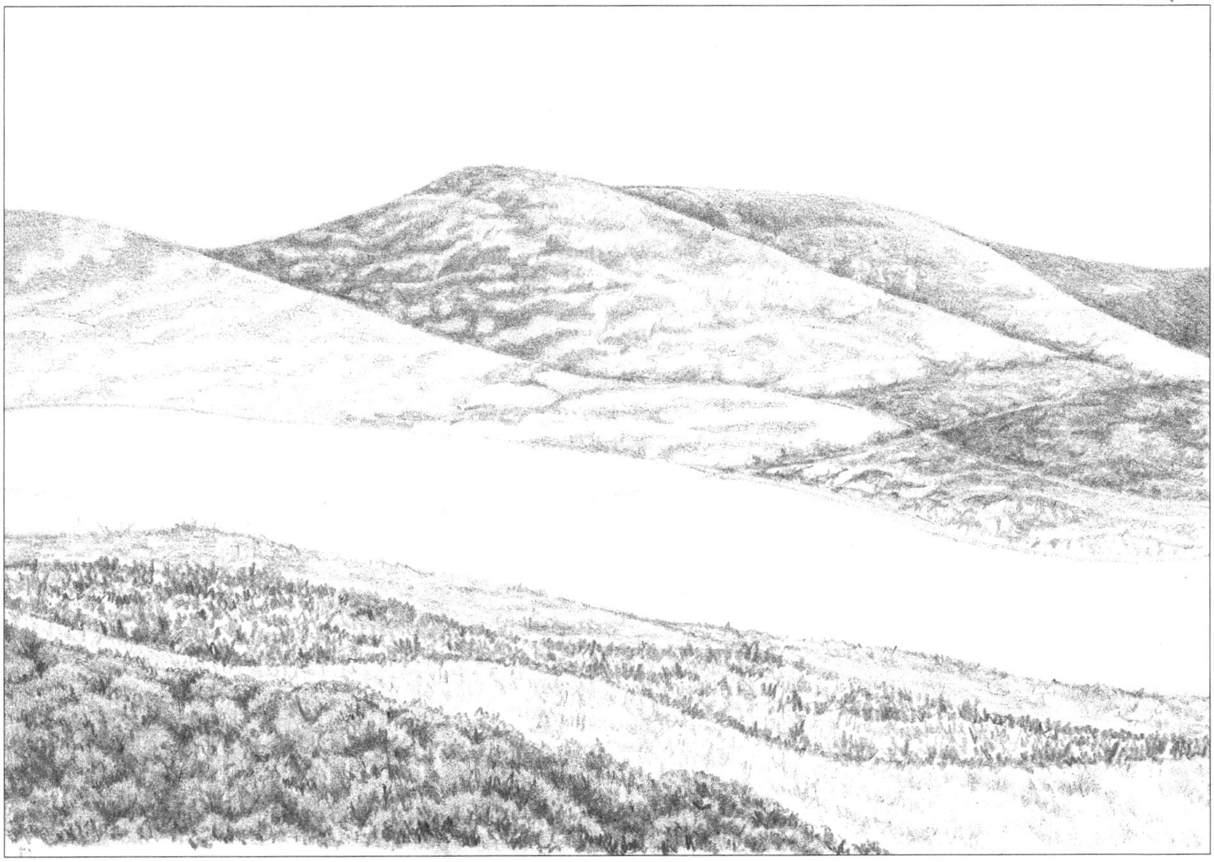

8 Utiliza trazos suaves, ascendentes, con lápiz 2B, para dibujar la hierba en la zona más clara situada entre el brezo y unos trozos más oscuros hechos al azar.

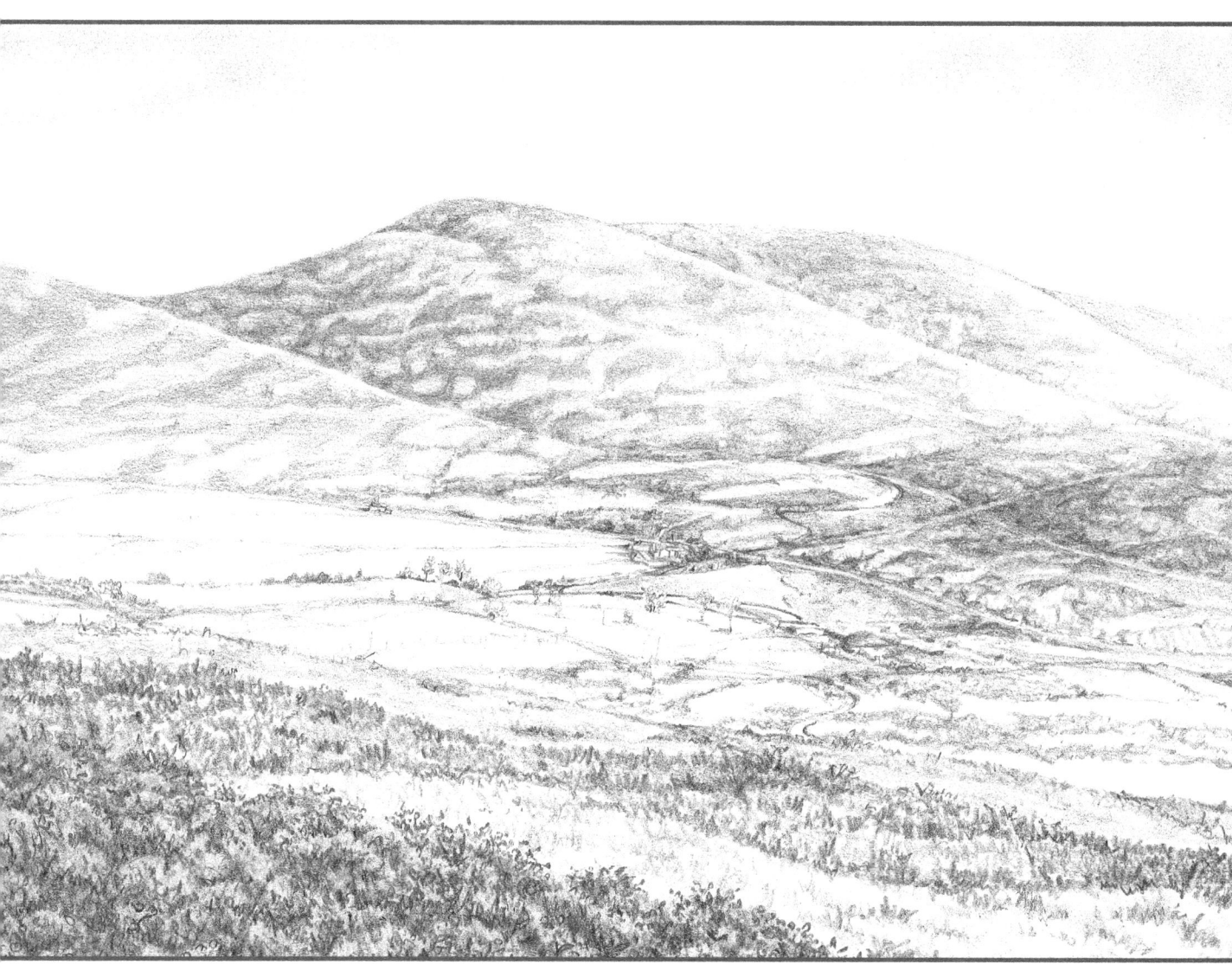

El dibujo acabado

En la fase final, con lápices 2B, 4B y ocasionalmente 6B —solo para los rasgos más oscuros— dibuja las casas, los puentes, los árboles, los senderos y el río en la parte central, sin tocar el páramo, que quedará representado con el color blanco del papel. Todos los árboles tienen sombras en el lado derecho ya que era un día en el que el sol brillaba con fuerza.

Observa el dibujo en general desde una cierta distancia o reflejado en un espejo. Si las laderas distantes de la montaña requieren más iluminación, con cuidado, borra un poco del dibujo con una goma. Aunque me gustaba la forma que adoptaban los campos en el esbozo pequeño que hice, algunas de las líneas eran demasiado firmes, así que con la goma borré algunas líneas en algunos puntos. También decidí en esta fase final que la ladera en la esquina superior derecha estaba demasiado lejos, y, por lo tanto, se veía demasiado oscura tal y como estaba en la fotografía, ya que le daba la sombra de otra cima. Sin embargo, lo importante es que el dibujo funcione bien en general, que la composición sea equilibrada, así que con un dedo o una esponja pequeña difuminé el polvo de grafito para crear unas nubes en el cielo. Lo difuminé bien para que tuviese un aspecto natural. El dibujo acabado tiene unas dimensiones de 28 x 20,3 cm (11 x 8").

Puente de Lake District

Siempre me ha apasionado la vista del agua del río Derwent desde el puente Ashness Bridge y mientras lo admiraba sentada en unas rocas, hice un dibujo rápido. También hice varias fotografías desde distintos ángulos para tenerlas como referencia. Me gustó que, al llegar, la sombra tapase en parte la carretera, de manera que las distintas colinas se veían muy claras debido a los difusos rayos de sol. Un buen dibujo tiene que manifestar fuertes contrastes tonales, así que los árboles de la izquierda los dibujé oscuros pero en realidad el tono más oscuro de todos lo situé bajo el puente, al tratarse así del punto focal del dibujo. Antes de empezar la composición, hice tres esbozos de tono pequeños y, al observarlos, me decanté por el formato de retrato, ya que me gustó mucho el modo en el que el tono de las rocas a ambos lados de Barrow Beck guiaba al ojo hacia el puente y el paisaje distante.

MATERIAL

Papel para acuarela prensado en caliente de 300 g/m² (140 lb) y tamaño A4

Lápices de grafito: HB, B, 2B, 3B, 4B, 5B, 6B, 7B y 8B

Goma de borrar

Trapito de algodón

Papel de calco

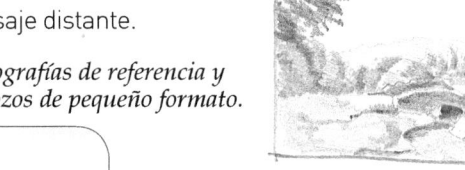

Fotografías de referencia y esbozos de pequeño formato.

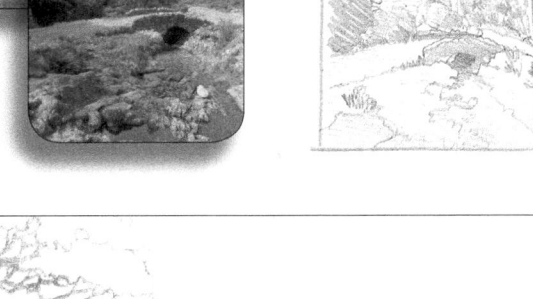

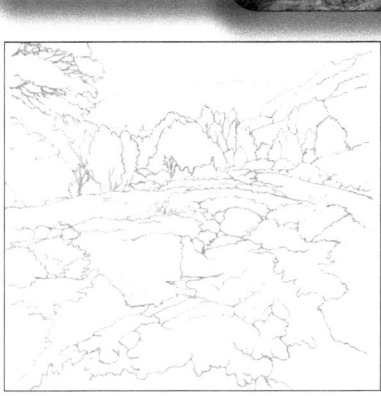

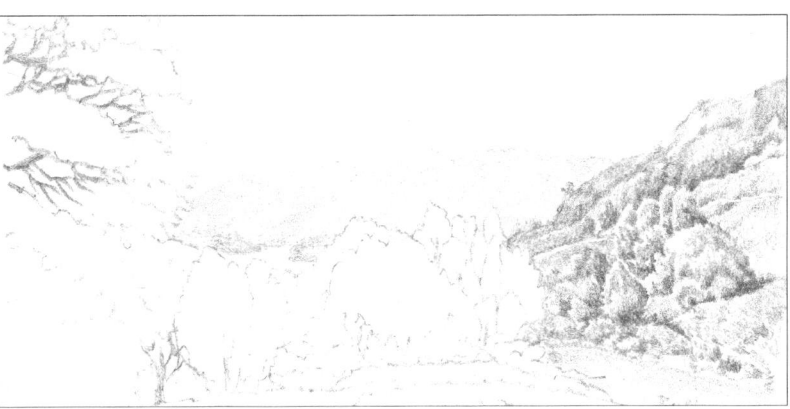

1 Utiliza un papel de calco y ponlo bajo la mano con la que vas a dibujar en todo momento para evitar que se corran los trazos a medida que avanzas. Con un lápiz HB, delinea el contorno sin apretar demasiado para que vayan apareciendo las formas principales que configuran la composición, empezando por el puente, a más o menos ⅓ de distancia del borde inferior del papel y a ⅓ de distancia del lateral derecho. Ten cuidado a la hora de transferir el tamaño de las colinas, los árboles y las rocas para darles la proporción correcta en relación con el puente.

2 Con un lápiz HB, sombrea sin presionar demasiado la colina de Skiddaw que se ve a lo lejos. A continuación, pasa a colorear las arboledas en un tono un poco más oscuro según se aproximan al agua. Acto seguido, con un lápiz B incorpora el tono de las colinas de la derecha, siguiendo los contornos curvados de la colina. Añade los árboles con lápiz 2B, oscureciéndolos más en el lado que les da la sombra y dejando unos trocitos de papel sin dibujar en torno a cada árbol allí donde se solape con el árbol de detrás.

3 Con lápices 2B y 3B añade tono a un grupo de árboles de detrás del puente, enfatizando de nuevo la luz en torno a cada árbol y oscureciéndolo en el lado de la sombra.

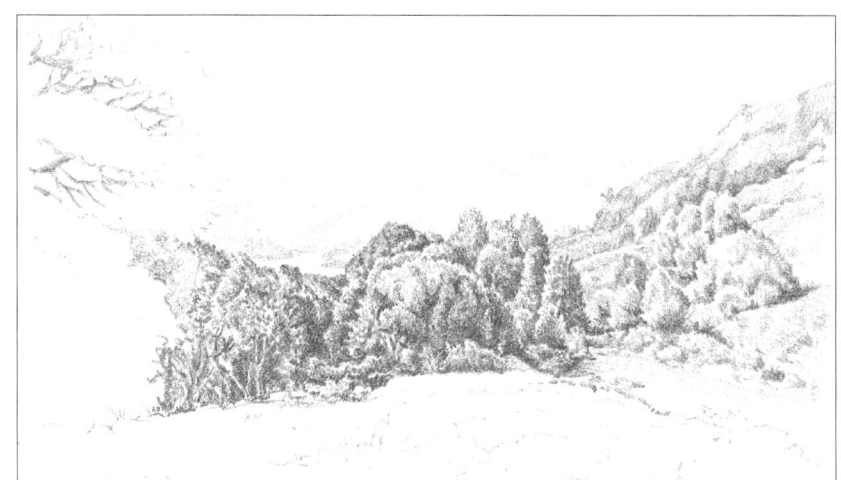

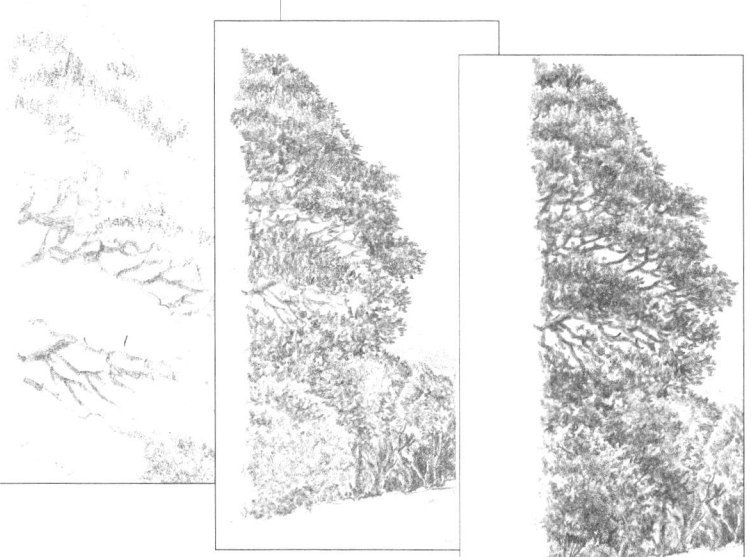

Dibujo de la izquierda: Lápiz 4B; dibujo central: Lápiz 5B, dibujo de la derecha: Lápiz 6B.

4 Incorpora tono en los árboles más oscuros de la izquierda con lápiz 4B para las hojas más claras y lápiz 5B y 6B para las hojas más oscuras, reforzando los tonos de las ramas con 6B y asegurándote de que hay armonía con los tonos mas oscuros debajo de cada grupo de hoas.

5 Por último, añade tono a la superficie por encima del puente con trazos suaves, homogéneos y horizontales con lápiz HB, sosteniendo el lápiz prácticamente en paralelo al papel e insistiendo con un lápiz 2B en la zona donde a la carretera le da la sombra. Deja las piedras sin tono en la parte superior del puente y da tono al resto del puente con lápices 3B y 4B. Enfatiza las sombras debajo de la construcción con lápices 6B y 7B.

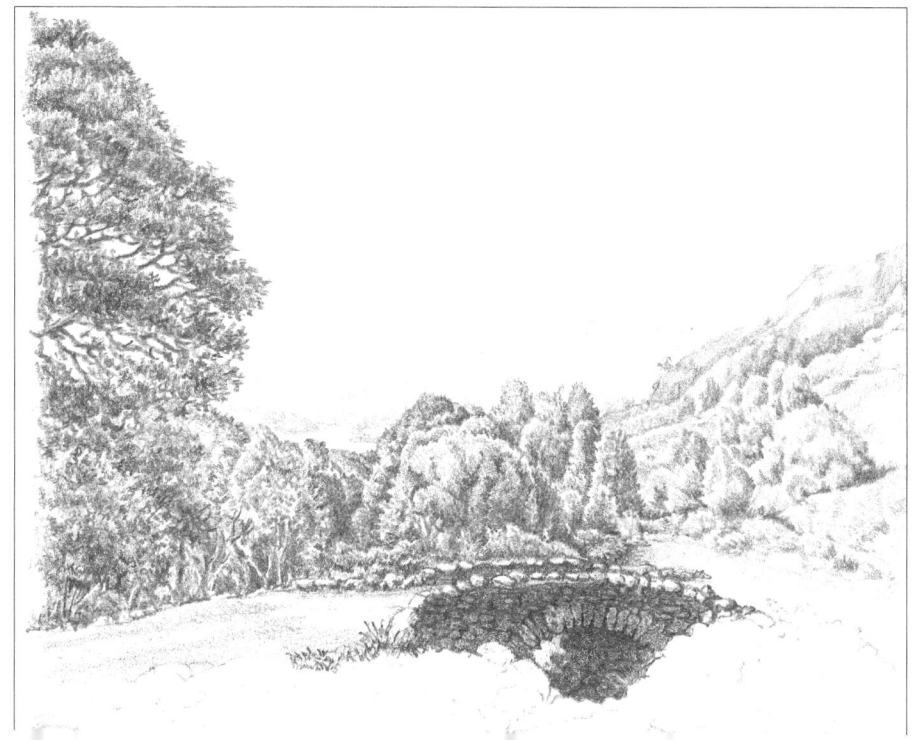

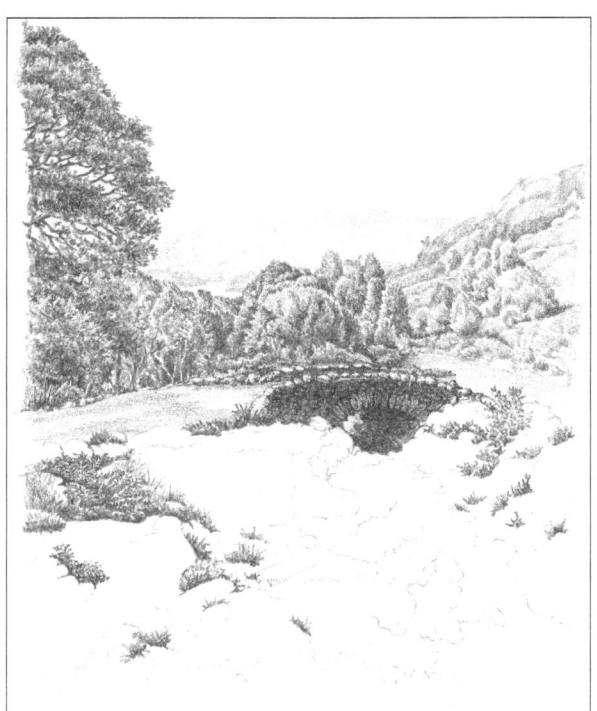

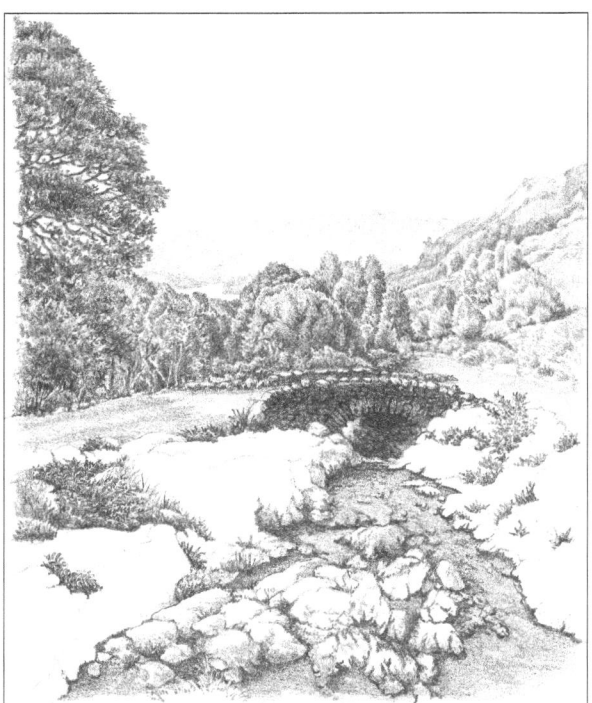

6 Utiliza lápices 3B y 4B para dibujar la hierba y los helechos entre las rocas así como algunas de las sombras que rodean la inmediatez de las rocas.

7 Aporta tono al agua con ligeros trazos horizontales con un lápiz 2B. Sitúa las sombras más oscuras y los reflejos del puente y de las rocas mediante trazos verticales usando un lápiz 3B. Dibuja las ondas del agua que estén más cercanas al espectador y sombrea las rocas húmedas con trazos curvados hechos con un lápiz 2B. Recalca las fuertes líneas de la composición de las rocas húmedas más oscuras que hay a ambos lados del río, que conducen la mirada directamente hasta el puente.

8 Mantén las rocas en un tono más claro en ambos lados del río y coloca con cuidado las sombras con lápices H y HB, con pequeños trazos curvados.

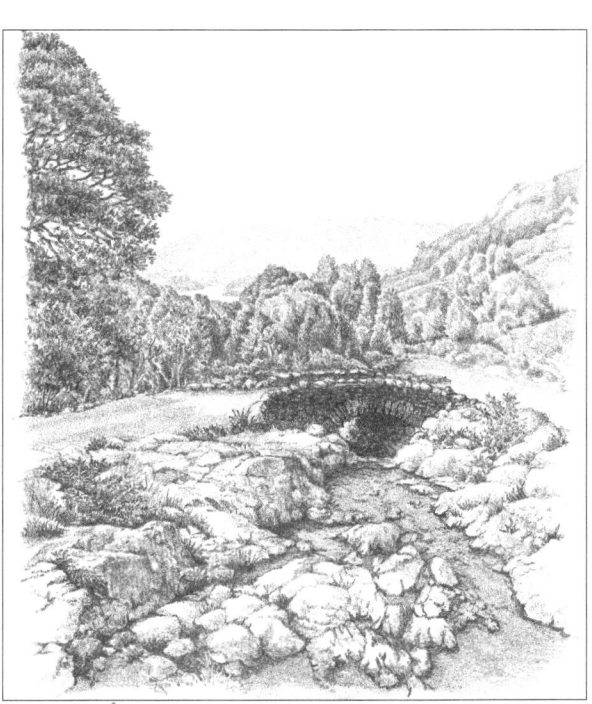

(derecha)
El dibujo acabado

Echa un vistazo al dibujo y haz cualquier ajuste que consideres oportuno. Yo reforcé las colinas lejanas dándoles más tono en el lado derecho y con una goma aclaré la parte izquierda para resaltar el contraste de tonos. Enfatiza los tonos del árbol más grande en el lado derecho para contrarrestar los tonos más fuertes de la izquierda. Añade algunas nubes en el cielo enrollándote un trocito de trapo de algodón en el dedo, y, untándolo en polvo de grafito —si no tienes, puedes conseguirlo al sacar punta al lápiz— y frotándolo en el cielo con pequeños movimientos circulares, insistiendo en el tono en las nubes de la derecha. Por otra parte, si la sombra debajo del puente necesita oscurecerse, utiliza un lápiz 8B, así como para reforzar los tonos más oscuros a lo largo de la orilla y del contorno de algunas de las ramas más fuertes en los grandes árboles de la derecha.

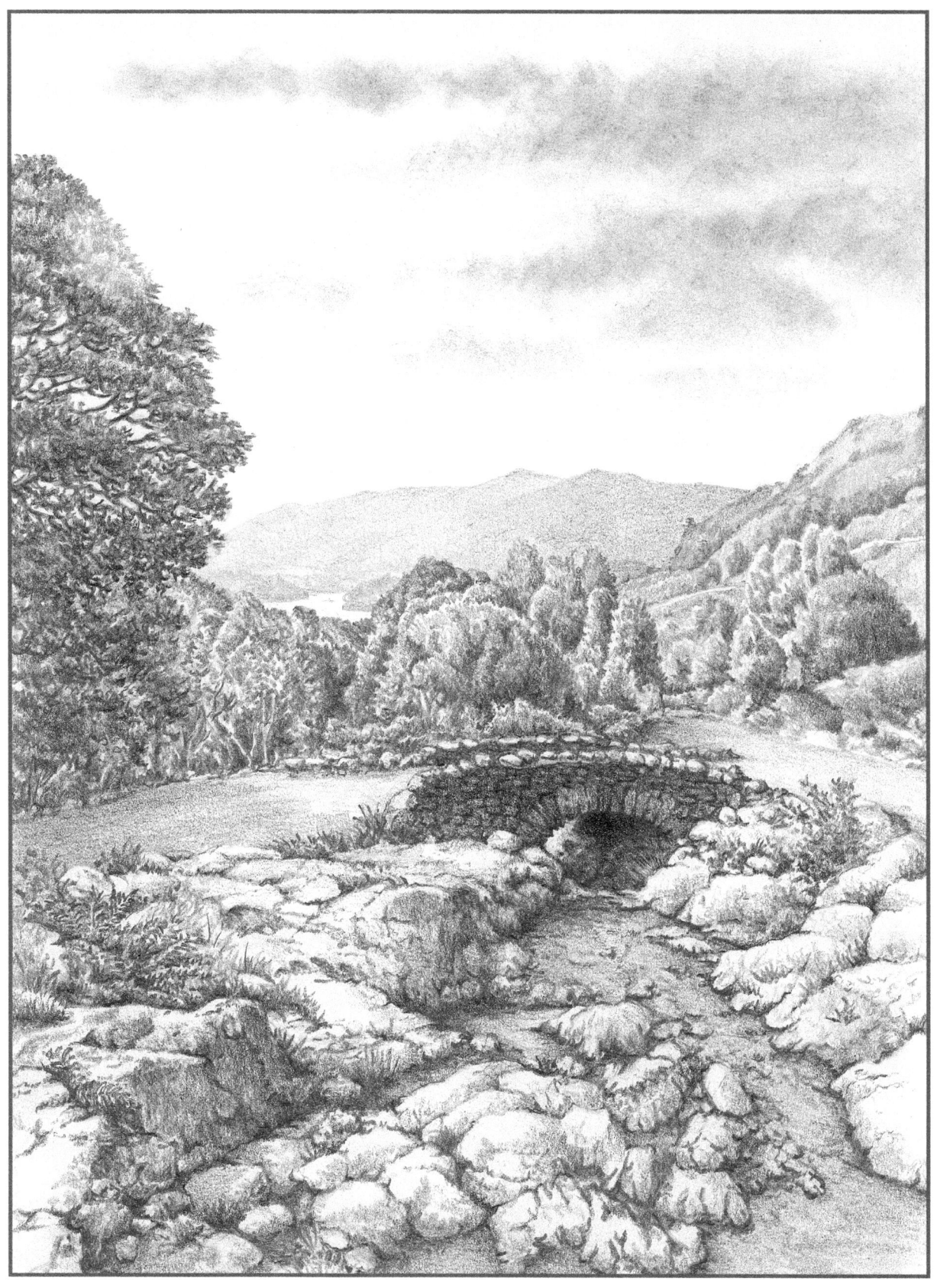

Rocamadour

Un bonito día de verano viajábamos por una carretera francesa de camino a Rocamadour. La carretera se curvó y repentinamente vi el pueblo, colgado de las escarpadas rocas con una abadía que sobresalía en la cima. Nos detuvimos en un café con vistas al pueblo y me senté, ensimismada por la vista. Esbocé el paisaje e hice algunas fotografías.

Fotografías de referencia.

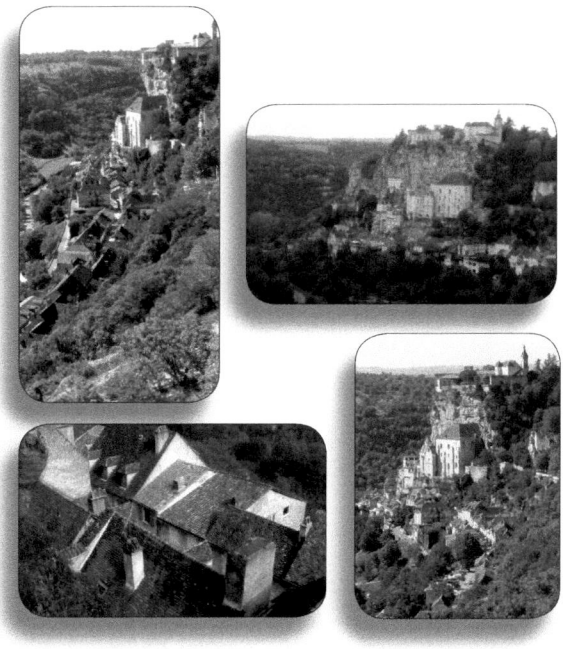

1 Este dibujo parece complicado, pero si empiezas a esbozarlo por lo más alto de la torre y vas trabajando hacia abajo, manteniendo todas las paredes verticales paralelas a los laterales del papel y cada edificio en relación a los ángulos y el tamaño de cada línea, llegarás hasta las casas de abajo. Intenta no utilizar una regla, sino girar lateralmente el papel para dibujar las partes rectas de los edificios. El nivel ocular está hacia la mitad de los edificios superiores de la abadía, un aspecto que tiene que tomarse en cuenta al considerar la perspectiva. Por eso, la mayoría de las casas quedan mirando hacia abajo. Necesitarás dibujar algunas de las líneas principales de construcción de las rocas y los árboles en esta fase.

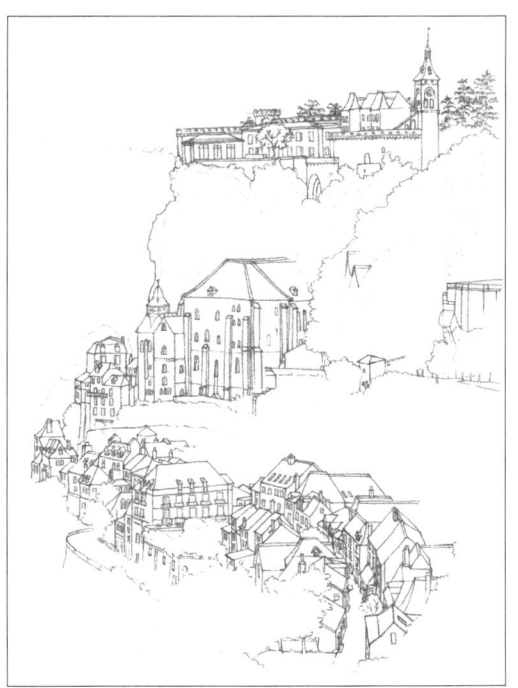

2 Con un rotulador técnico de tinta permanente negra dibuja el contorno de los edificios pero deja en lápiz las líneas que marcan las rocas y los árboles.

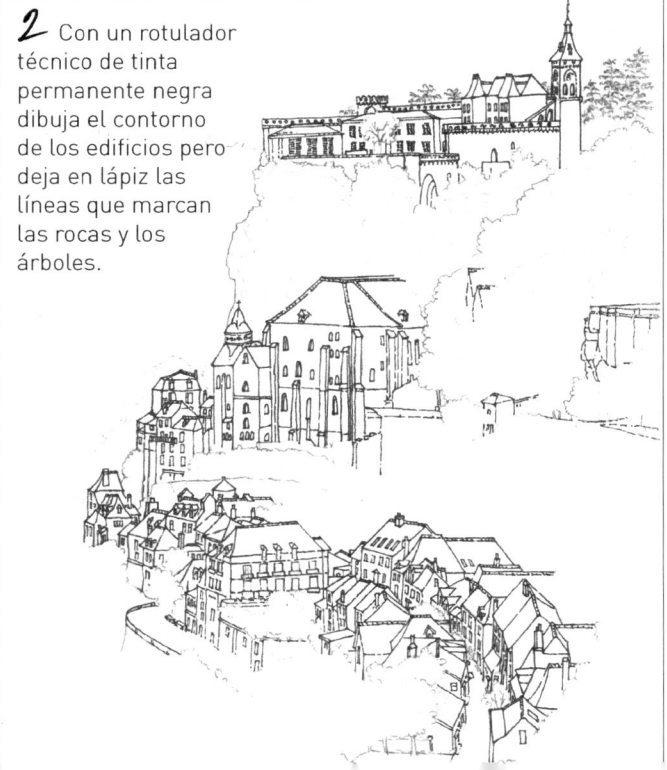

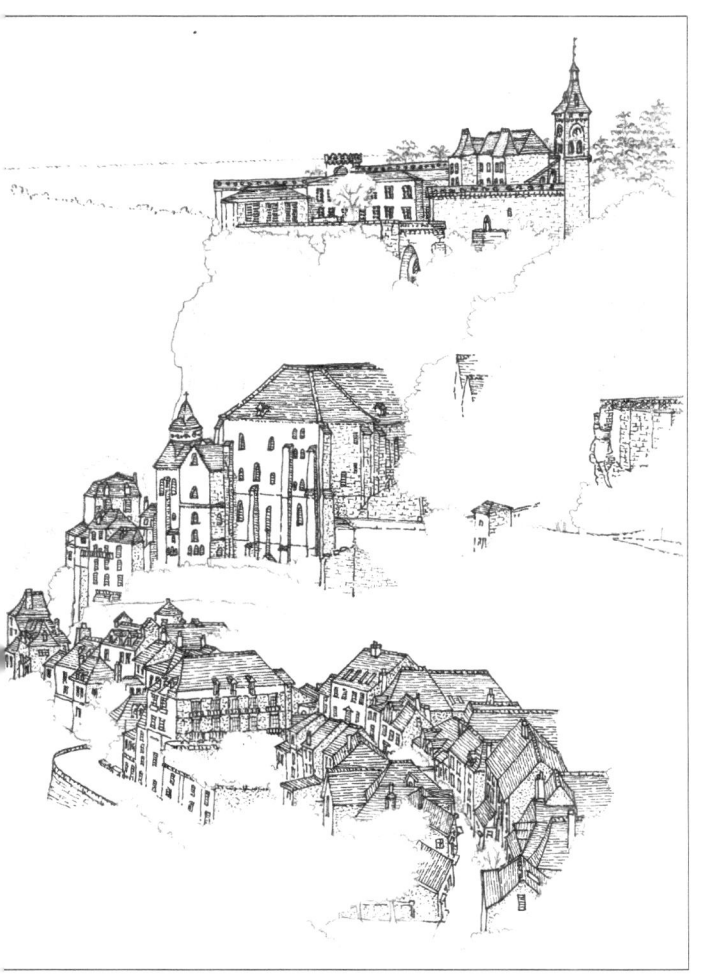

3 Las tintas solubles en agua varían en colores y tonos cuando se diluyen en agua. Necesitarás practicar en un papel para acuarela que tengas para tirar y ver así cómo dibujan las distintas tintas antes de elegir la más apropiada para trazar las tejas del tejado. Diluye la tinta tocando las líneas con un rotulador de agua para juzgar mejor el efecto. Después, utilizando un rotulador de punta fina de tinta negra soluble en agua dibuja unas líneas entrecortadas a lo largo de los tejados, paralelas a las canaletas y tejas de cresta y dibuja unos puntos en los laterales donde les da la sombra a los edificios. Fíjate en que la luz proviene de la izquierda.

4 Utiliza un rotulador de agua de grosor medio para extender la tinta en los laterales de los edificios que queden a la sombra, y pon inmediatamente después un trapo encima para absorber el agua con el fin de que el color quede claro. Dibuja los abetos que están situados al lado de la abadía con tinta permanente negra.

Detalle ampliado de la parte superior de la Abadía, extraído del paso 4.

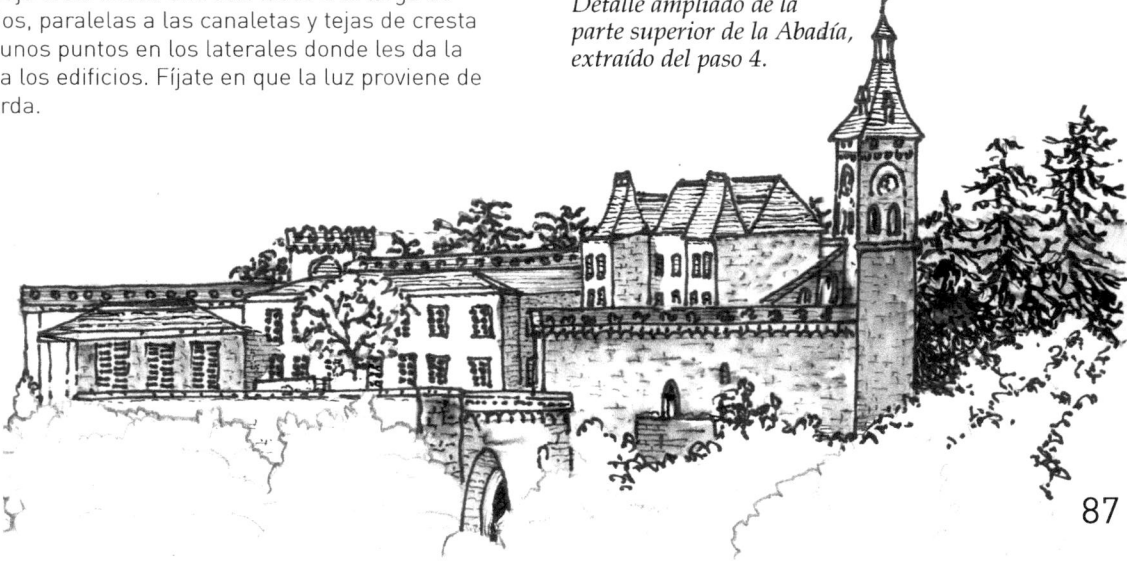

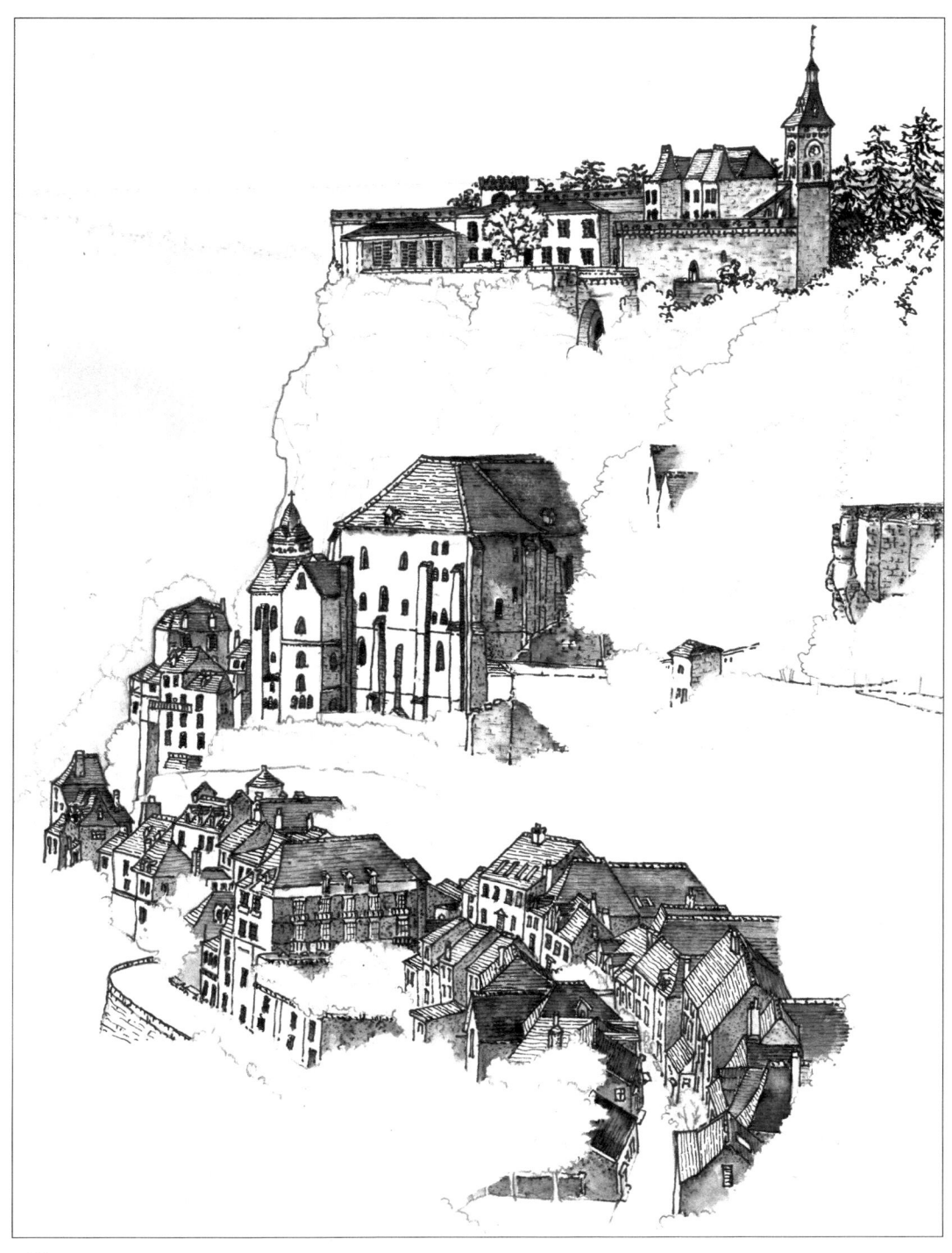

5 Utiliza el rotulador de agua para extender la tinta en el lateral de los tejados a los que les da la sombra.

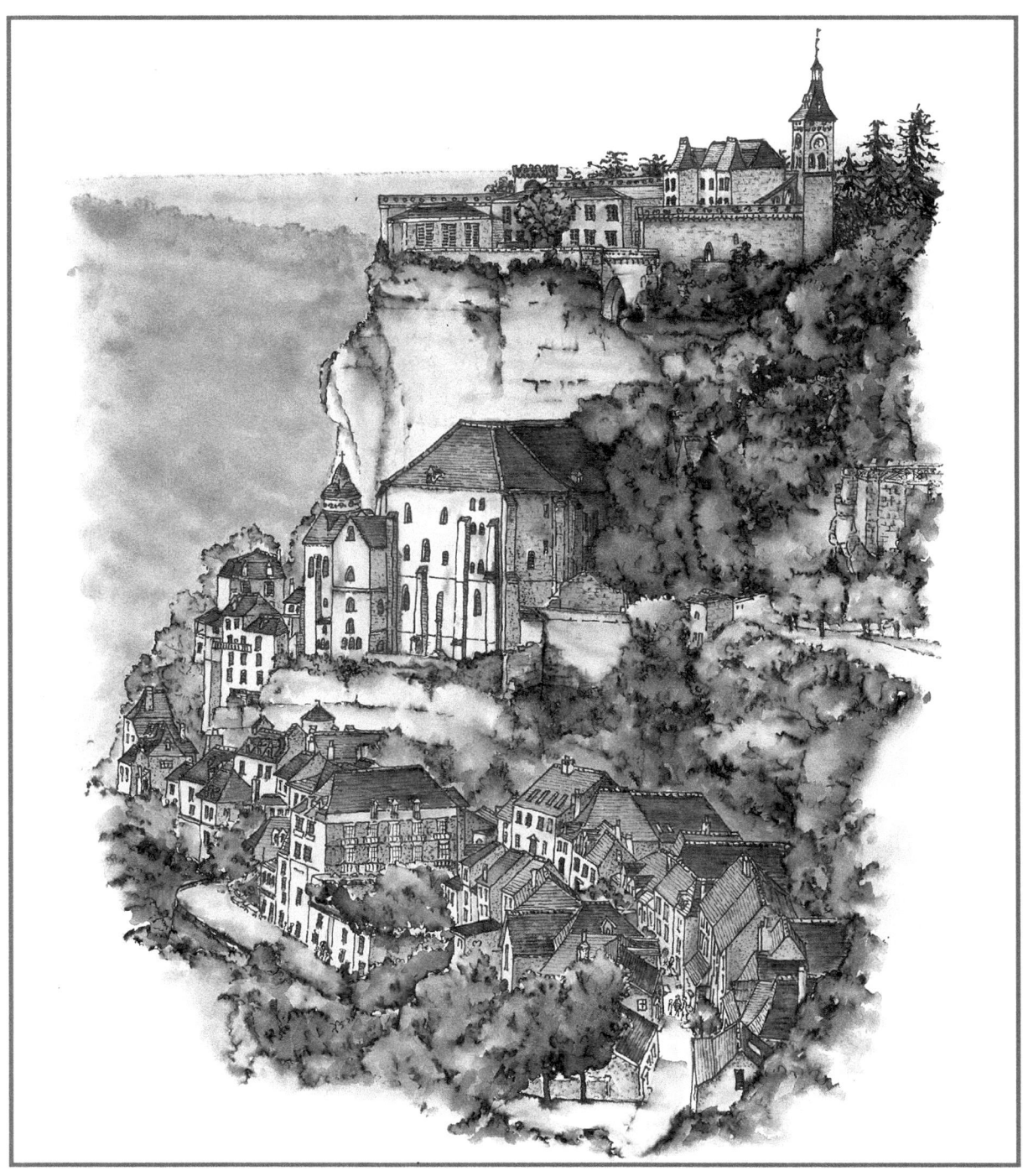

El dibujo acabado

Humedece el otro lateral de los tejados y absorbe ligeramente el agua con un trapo. Ahora dibuja el contorno de los árboles y las rocas con el rotulador de tinta soluble en agua y después humedece las líneas con un rotulador de agua para extender la tinta diluida pero sin crear manchurrones. En este punto, añade la gente que camina por las calles e incorpora la sombra en algunas de las calles, humedeciendo el borde que toca con las paredes de las casas. Diluye un poco de tinta soluble en agua en una paleta y aplica una mezcla muy suave en las colinas distantes de la izquierda y en los árboles que quedan más cerca del valle que vemos por debajo. Mantén la parte frontal de las rocas, los muros de los edificios y los lados soleados de los edificios con un tono muy claro para crear contraste. Para el lado ensombrecido de los tejados puede que incluso necesites un tono un poco más oscuro; para ello, añade unas líneas más y humedécelas con un rotulador de agua.

Jardín de una casa de campo

He estado en Sissinghurst —un parque nacional en el sur de Inglaterra— en diferentes estaciones del año y, sobre todo, está precioso en verano. La luz enfatiza la tonalidad de los senderos que conducen la mirada hasta el resto del paisaje y me hacen advertir otros edificios en el camino.

Está repleto de bellas plantas que emiten embriagadores aromas y perfumes.

MATERIAL

Papel para acuarela prensado en caliente de 300 g/m² (140 lb) de tamaño A3

Lápices de grafito B, 3B y 7B

Lápiz de grafito de tono medio soluble en agua

Goma de borrar

Rotulador de agua

Sacapuntas

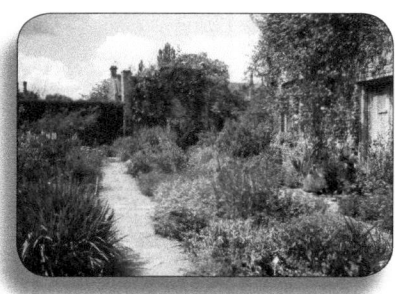

Fotografías de referencia.

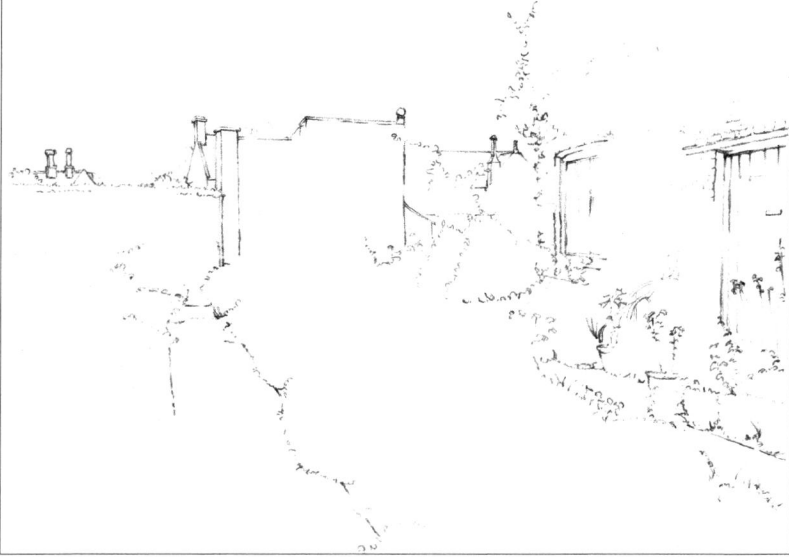

1 Con un lápiz B traza las principales líneas de construcción, con especial cuidado a la hora de transferir los ángulos de los senderos y garantizando que los laterales de los edificios estén situados en paralelo a los bordes del papel. Asegúrate de dibujar con corrección los ángulos de la ventana y la puerta. El nivel ocular está aproximadamente a la mitad de la ventana.

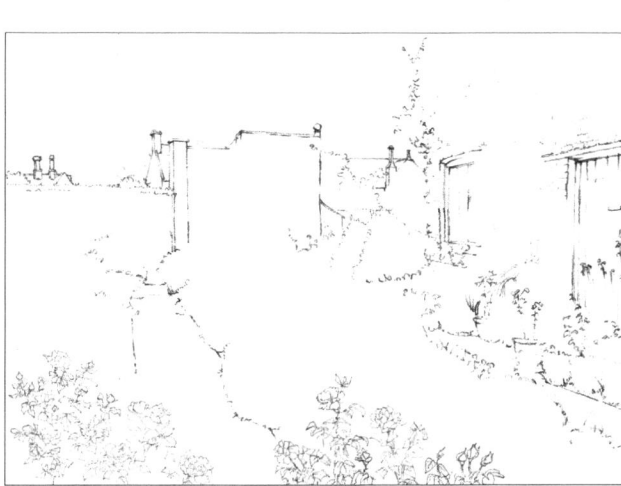

2 Dibuja unos rosales en el primer plano del dibujo con el lápiz B. Cambié las florecillas primaverales de la foto por los rosales, ya que estos tienen unas flores más llamativas.

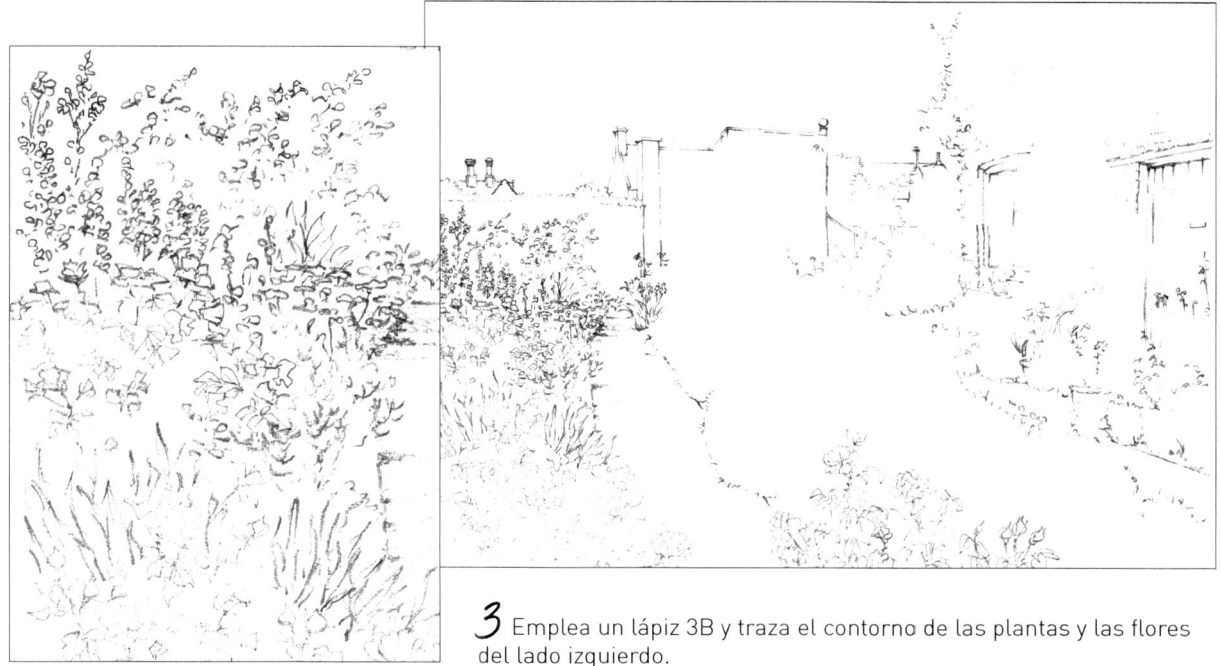

3 Emplea un lápiz 3B y traza el contorno de las plantas y las flores del lado izquierdo.

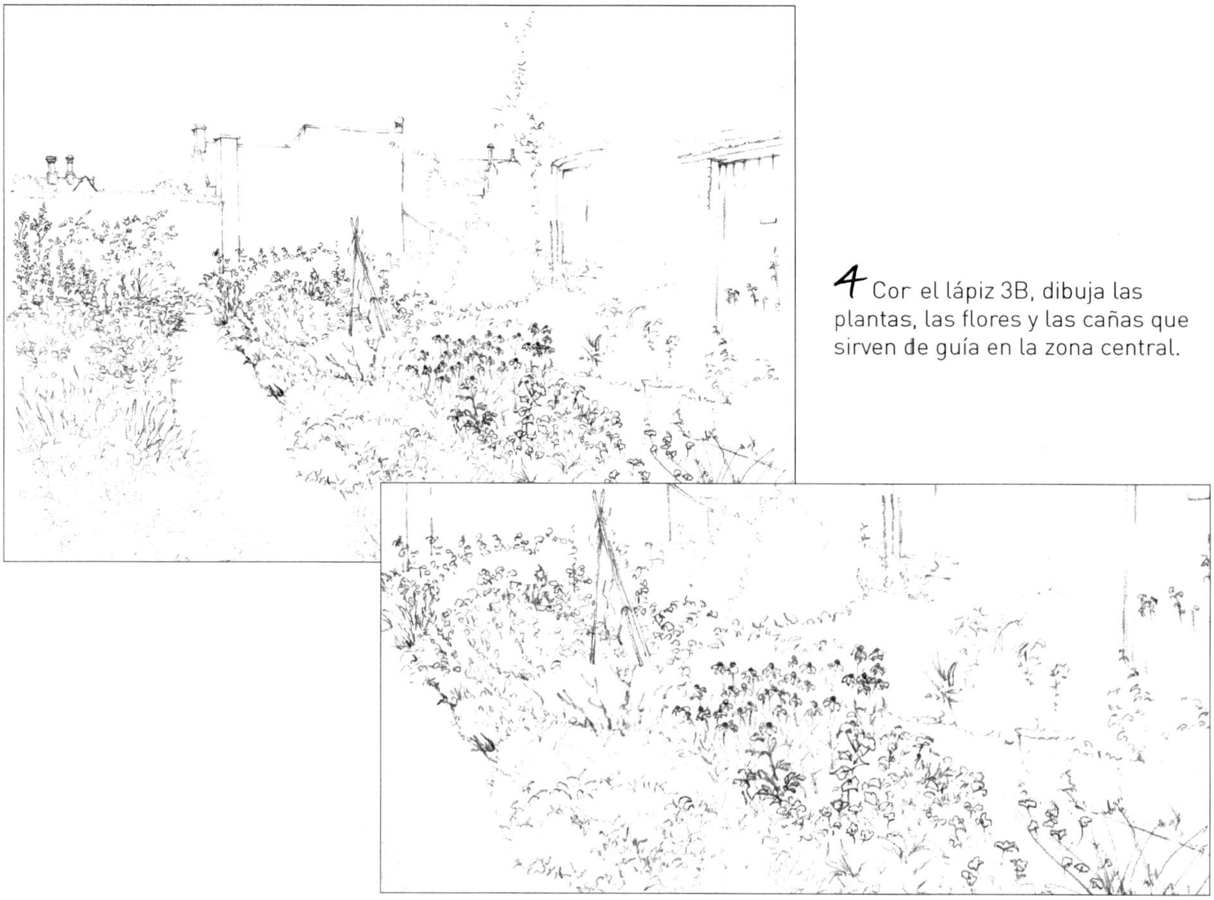

4 Cor el lápiz 3B, dibuja las plantas, las flores y las cañas que sirven de guía en la zona central.

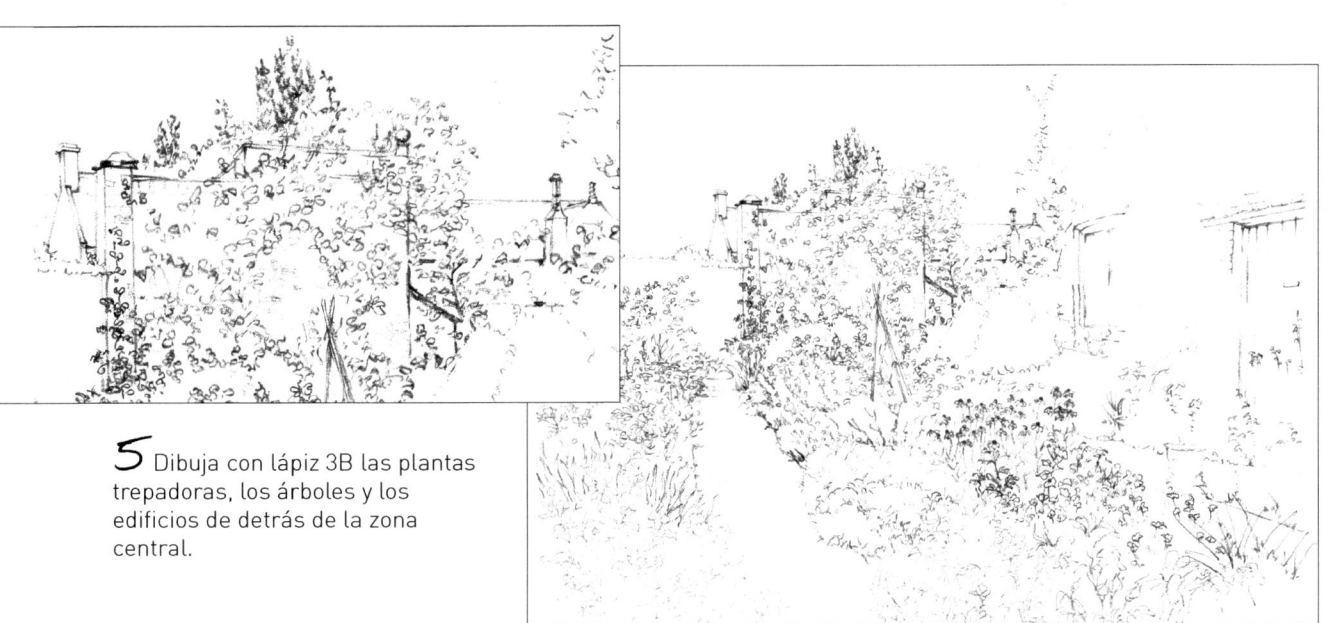

5 Dibuja con lápiz 3B las plantas trepadoras, los árboles y los edificios de detrás de la zona central.

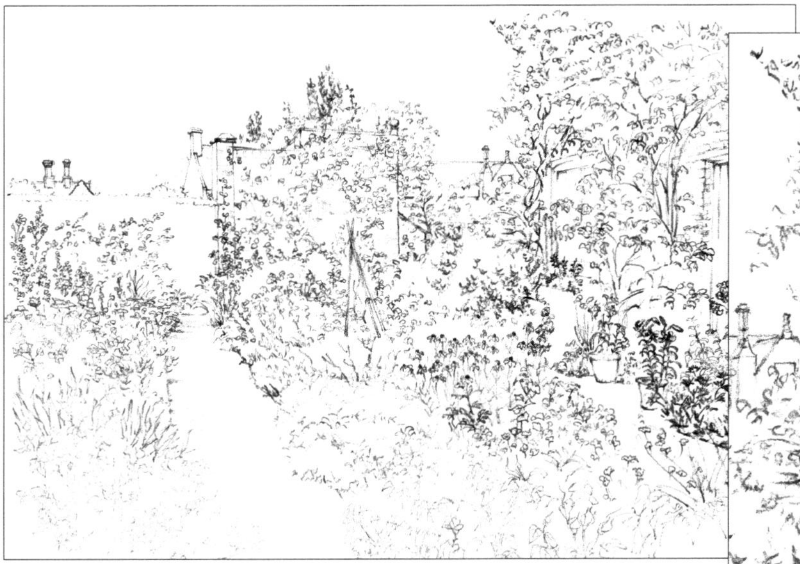

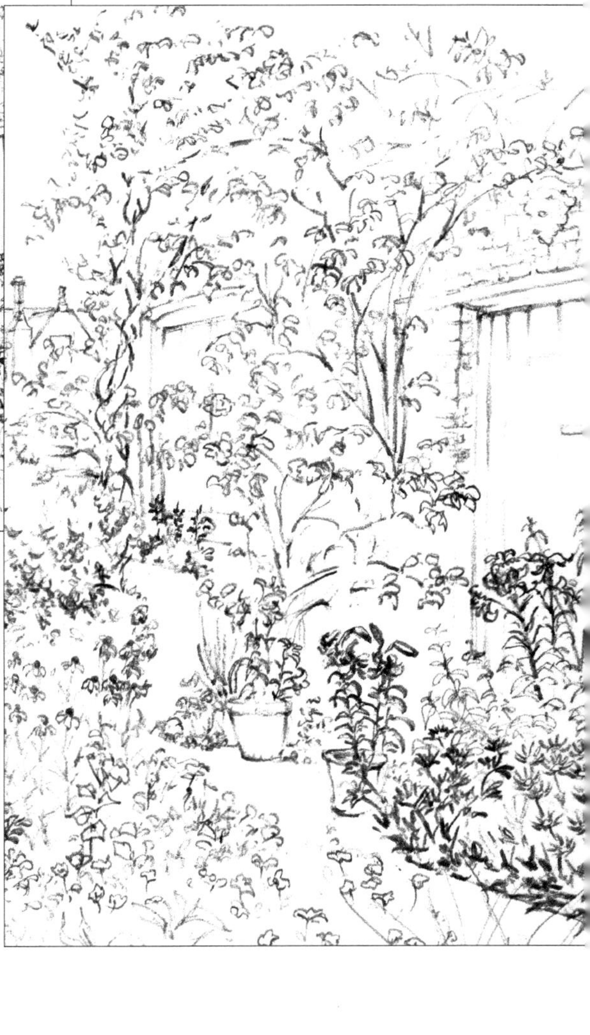

6 Refleja cómo los rosales trepan por la fachada de la casa, los lirios salen de los tiestos y las margaritas rodean el muro de la casa.

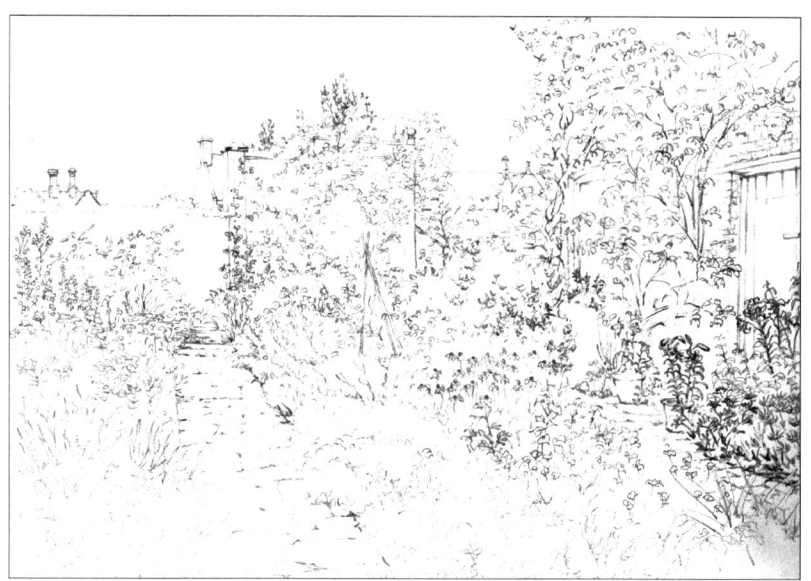

7 Dibuja los adoquines en el sendero, con bordes irregulares.

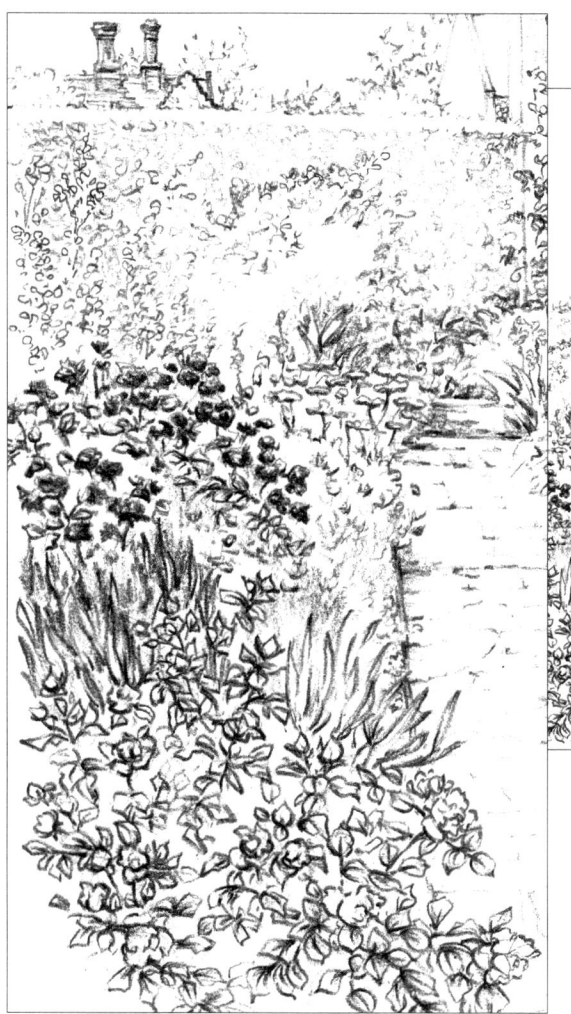

8 A continuación, con el lápiz de grafito soluble en agua, retrata los tonos más fuertes en el lado izquierdo. En este punto observé que algunas de las rosas eran demasiado grandes y las reduje de tamaño.

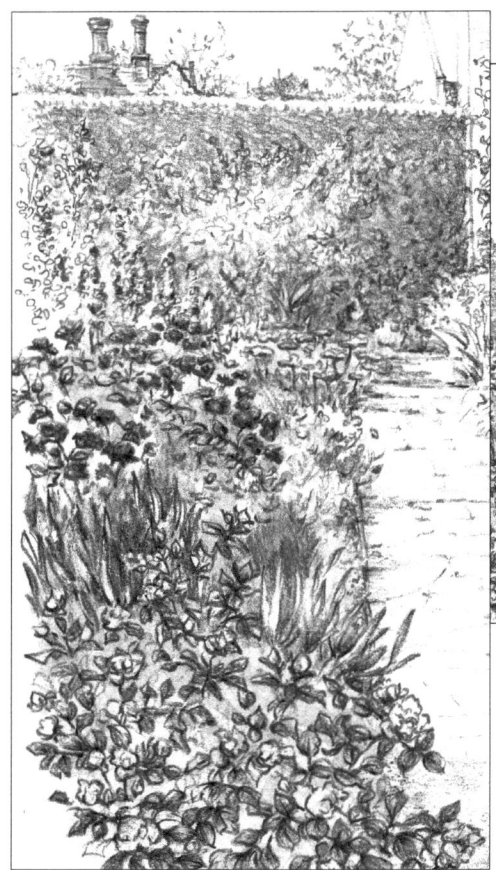

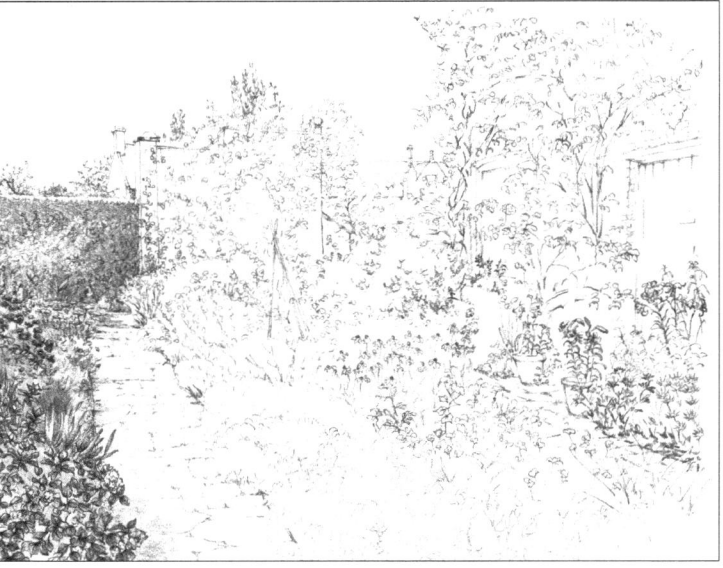

9 Con un rotulador de tono medio soluble en agua, da pequeños toques y trazos para disolver el grafito en el lado izquierdo. Hay que efectuar esta operación con el máximo cuidado posible.

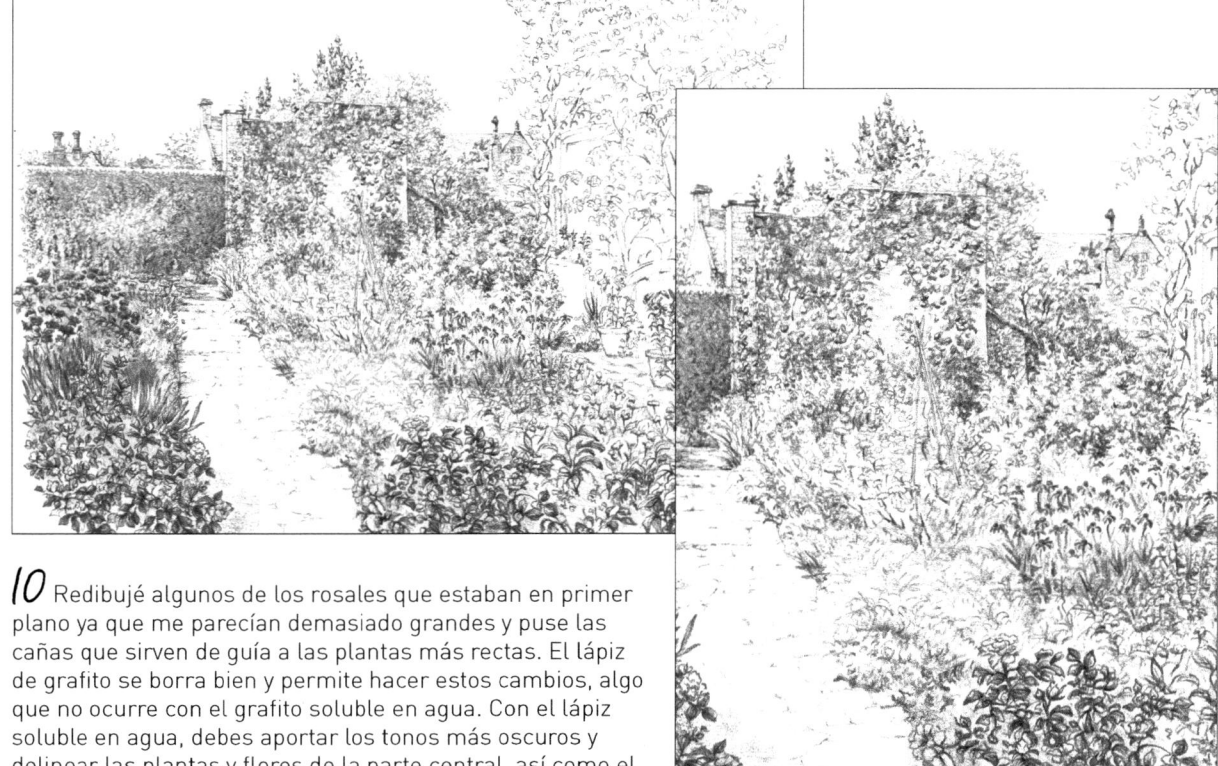

10 Redibujé algunos de los rosales que estaban en primer plano ya que me parecían demasiado grandes y puse las cañas que sirven de guía a las plantas más rectas. El lápiz de grafito se borra bien y permite hacer estos cambios, algo que no ocurre con el grafito soluble en agua. Con el lápiz soluble en agua, debes aportar los tonos más oscuros y delinear las plantas y flores de la parte central, así como el muro y los edificios que se advierten detrás.

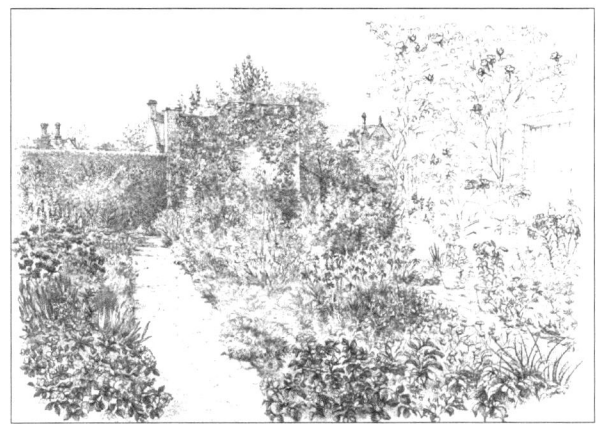

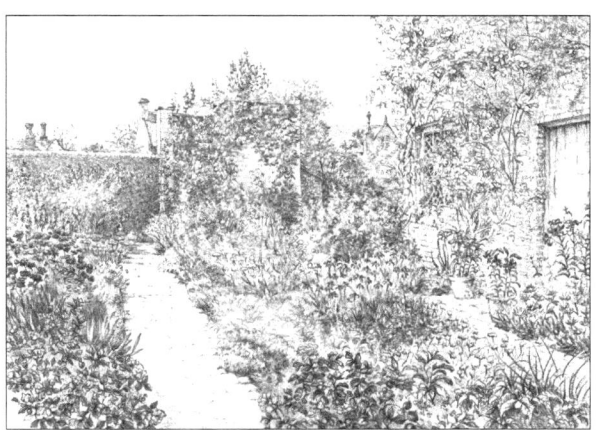

11 Utiliza el rotulador de agua con ligeros toques y trazos para humedecer la vegetación y los bordes de los edificios de la zona central.

12 Oscurece los tonos más oscuros y las flores que rodean la casa con lápiz de grafito soluble en agua, colocando las sombras en las formas negativas de las hojas de la ventana con lápiz de grafito 7B.

El dibujo acabado

En la fase final utilicé el lápiz 7B para reforzar las líneas que se habían borrado un poco y para recalcar los tonos de los lirios y algunos tonos negativos entre las rosas del muro. Rellena las esquinas del dibujo con formas y tonos orgánicos, ya que se trata de un dibujo con todo lujo de detalle y no de un esbozo. Da un tono claro al cielo con lápiz 3B y frótalo ligeramente con el dedo. El dibujo acabado tiene unas dimensiones de 7 x 28 cm (14 ½ x 11").

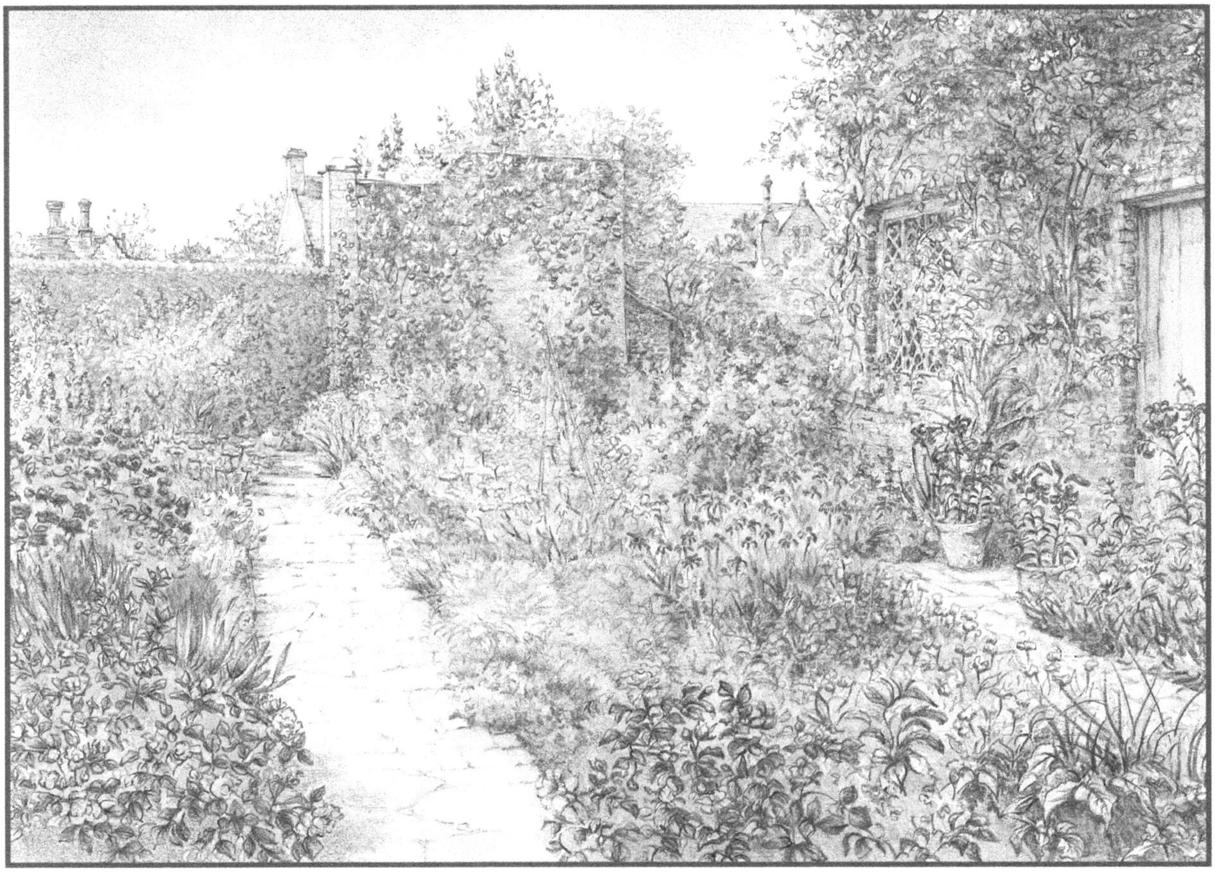

Índice alfabético